AF349196

TEORÍAS Y SÍMBOLOS DE LOS ALQUIMISTAS

Plancha I

Figuras de Abraham el Judío.

Albert Poisson

TEORÍAS Y SÍMBOLOS DE LOS ALQUIMISTAS

LA GRAN OBRA

Seguida de un ensayo
sobre la bibliografía alquímica del siglo XIX

Obra decorada con 15 planchas
que representan 42 figuras

EDICIONES OBELISCO

Si este libro le ha interesado y desea que le mantengamos informado
de nuestras publicaciones, escríbanos indicándonos qué temas son de su interés
(Astrología, Autoayuda, Psicología, Artes Marciales, Naturismo,
Espiritualidad, Tradición…) y gustosamente le complaceremos.

Puede consultar nuestro catálogo en www.edicionesobelisco.com

Colección Biblioteca esotérica
Teorías y símbolos de los alquimistas
Albert Poisson

1.ª edición: octubre de 2021

Título original: *Théories et Symboles des Alchimistes*

Traducción: *Juli Peradejordi*
Diseño de cubierta y maquetación: *Isabel Estrada*

© 2021, David Aliaga, por el prólogo
(Reservados todos los derechos)
© 2021, Ediciones Obelisco, S. L.
(Reservados los derechos para la presente edición)

Edita: Ediciones Obelisco, S. L.
Collita, 23-25. Pol. Ind. Molí de la Bastida
08191 Rubí - Barcelona - España
Tel. 93 309 85 25
E-mail: info@edicionesobelisco.com

ISBN: 978-84-9111-712-4
Depósito Legal: B-9.527-2021

Printed in India

Prólogo

El atanor de Albert Poisson

«Ahora tú, hijo mío, ve a buscar al agricultor
y pregúntale cuál es la semilla y cuál es la cosecha».
Epístola de Isis sobre el Arte Sagrado

Si tuviese la habilidad de los grabadores, si tuviesen mis manos
el talento de las de Durero, y me propusiese representar el estado de la Alquimia en nuestro tiempo, mis trazos darían forma
a un andrógino cubierto por tres pesados mantos que oculta-
rían la belleza de su cuerpo y de su rostro. El adepto reconoce-
ría en seguida la alusión al Rebis, que remite al matrimonio
alquímico entre los elementos –a menudo, el Mercurio y el
Azufre–, y a su vez a la dualidad integrada en el Uno, al ideal
de perfección inalcanzable. «Término latino formado por *res* y
bis, que es tanto como decir una cosa doble queriendo inducirnos a buscar dos cosas, que no son dos, sino una sola cosa» nos
explicó Phillip Rouillac en su *Compendio de la Gran Obra*. Este
símbolo tradicional, fácilmente descifrable, aparecería cubierto
por tres mantos. El menos visible, en contacto directo con la
piel del hermafrodita representaría la discreción que siempre
ha envuelto la desnudez de la Tradición de las miradas indiscre-
tas o lascivas de los sopladores. Con los dos siguientes mi intención sería representar un par de elementos que han oculta-

do la sabiduría de los filósofos, para mal y para bien, en las últimas décadas: el descrédito del hermetismo y Fulcanelli.

El manto del descrédito probablemente requiere menos explicaciones. El proceso de laicización experimentado por Europa tras la Segunda Guerra Mundial, unido a la pujanza de planteamientos que desprecian lo espiritual frente a lo material, lo místico frente a lo tangible, ha hecho que en los fértiles campos en los que la Alquimia floreció espléndida durante el Renacimiento y hasta el siglo XVIII encontremos ahora avenidas asfaltadas con sus márgenes delimitados por comercios de todo tipo. Como si el hermetismo se opusiese al conocimiento científico o lo negase, como si no fuese su *corpus* un cajón de semillas en cuyo interior se halla lo que poco a poco van formulando la Química, la Física Teórica… A mi modo de ver, la ciencia observa, comprueba, y establece enunciados –temporales, en tanto que el conocimiento nunca es realmente fijo ni inmutable– expresando de forma legislativa y sistemática lo que disciplinas como la Alquimia habían comprendido anteriormente modo intuitivo y expresado de forma poética. Son dos formas posibles de relacionarse con la creación.

El antagonismo entre ambas disciplinas proviene probablemente del equívoco de definir la Alquimia como una ciencia. Si hace siglos lo fue, si fue el ave que incubó el huevo de la Química, esta consideración no sólo me resulta inoperativa, sino que en el siglo XXI es un lastre. De igual modo que Alan Moore lo propone para la Magia en *Ángeles fósiles*, deberíamos situar la Alquimia en las coordenadas del Arte. El Gran Arte, el Arte Real. De hecho, en nuestro tiempo, la reducción de la Alquimia a la definición que la consigna como protociencia suele ser la coartada que emplean sopladores con pocos escrúpulos para aprovecharse de aquellos cuya situación emocional los lleva a necesitar el prodigio, el Elixir de los Filósofos. Y no es la administración de *piedras filosofales* como placebo a lo que me opondría, sino al lucro mediante la estafa sentimental. Curanderos que aseguran que pueden sanar con un ungüento de a 50 euros el tarro cumplirían una estimable función social de alivio de no ser porque lo hacen galopando a lomos el engaño hasta que la realidad los desenmascara y sus víctimas deben hacer frente al drama desnudo tras haber sido bruscamente descabalgadas de su esperanza o consuelo. En cambio, hay otra vía posible para la Gran Obra: la vía del Arte y de la Filosofía. O, expresado en términos masónicos, la reconversión de la disciplina operativa en especulativa.

La práctica de las operaciones de la Gran Obra como expresión artística le ofrece a la Alquimia un entorno inagotable de posibilidades, la abre al absoluto que observa el andrógino en el arcano del Loco en el Tarot Rider-Waite, elimina la exigencia de justificación o de resultados y, al mismo tiempo, sopla como un viento que se llevará por delante las barracas de feria y los tenderetes de los sopladores, arrasará con todo y dejará en pie únicamente infinitas formas de dialogar con la creación. No se trataría por tanto de acabar teniendo en la palma de la mano «un polvo rojo brillante, bastante pesado» en un sentido material, sino en el filosófico, de la misma manera que un iniciado en masonería no construye templos de piedra y mortero, sino éticos o espirituales.

El tercer manto de mi hipotético grabado, he escrito, sería una alegoría de la fama de Fulcanelli. Esta afirmación es más provocativa que la anterior. ¿Acaso Fulcanelli ha ocultado la Alquimia y la ha disfrazado? ¿La ha apartado de nuestra vista? No. Y sí. Los tratados firmados con su nombre, los escribiese quien (o quienes) los escribiese, no ocultan el conocimiento alquímico más que cualquier otro de su género. De hecho, son más claros que obras como *La turba de los filósofos*, incómoda incluso para los buenos conocedores de la Tradición. Sin embargo, la popularidad de Fulcanelli ha eclipsado la labor de cualquier otro adepto posterior al siglo XVII. En combinación con el descrédito de las disciplinas herméticas, la atención que Fulcanelli ha merecido por parte de lectores y editores ha llevado a muchos interesados en la materia –incluso a algunos alquimistas, me atrevo a escribir– a no ser capaces de nombrar ningún otro adepto o tratado alquímico de los siglos XIX, XX y XXI que no sean los de Fulcanelli.

Sólo a partir de la desatención y el menosprecio del que la Alquimia ha sido objeto, y de la atención que las masas han prestado a Fulcanelli –a menudo, como figura curiosa o exótica, como adorno esotérico– se explica lo poco conocidos que son autores como Albert Poisson.

Si uno conoce su historia y lee su obra, resulta imposible no sentir fascinación por Poisson. Nacido en París en 1869, fue un erudito romántico, de cuyo temprano fallecimiento tenemos noticia a través de la esquela escrita por Decrespe y publicada en el número de julio de 1894 de la revista *L'Initiation*. El texto lo reconoce como «*fratri alchemistae*» y nos explica que comenzó a «estudiar seriamente la Alquimia» en 1888, con 17 años, cuando «un libro que le llegó por casualidad despertó su espíritu». En aquel mismo año también había comenzado a estudiar Medicina.

Tristemente, Poisson había fallecido siete años después, a los 24. Sin embargo, tuvo tiempo de legarnos cinco interesantísimos libros sobre Alquimia en los que evidencia que a los 22 años ya había leído (y comprendido profundamente) todos los grandes tratados sobre la Gran Obra. ¡22 años! ¿Qué obras sobre Alquimia había leído yo a esa edad? ¿Qué autores me resultaban mínimamente familiares? Nicolás Flamel, Ramón Llull y Arnau de Vilanova, como mucho. ¿Había sido capaz de entender sus textos? Honestamente, estoy convencido de que no. En cambio, el jovencísimo Poisson no sólo cita hábilmente a D'Espagnet, Blaise de Vigenère, etc., y conecta sus ideas, sino que es capaz de traducir los crípticos textos de los alquimistas a un lenguaje divulgativo a través del cual el lector menos experimentado pueda penetrar en su significado.

Ese parece el principal propósito de *Teorías y símbolos de los alquimistas*: desbrozar el camino para que los lectores profanos o recién iniciados puedan comenzar a transitarlo. Cuando lo escribe, Poisson debe de tener presente la sensación de extravío que sobreviene a quien sostiene por primera vez en las manos un tratado sobre la Gran Obra («¡Abrid uno de los venerables tratados herméticos del siglo XV o XVI y leed! Si no habéis realizado ningún estudio especial, si no habéis sido ya iniciados en la terminología alquímica, si, en definitivas cuentas, no gozáis de un cierto conocimiento de la química inorgánica, cerraréis rápidamente el volumen decepcionados y desanimados»). El propio Poisson nos explicará que el tono críptico y los equívocos que adoptan los alquimistas para escribir sus textos son una forma de proteger un conocimiento valioso y trascendente de aquellos que lo emplearían para el provecho personal. Nos contará también que ningún libro alquímico explica de principio a fin el proceso para lograr transmutar la Piedra Filosofal, sino que se ocupan únicamente de una parte, de nuevo, como medida de prevención.

Consagrada a ayudarnos a comprender las alegorías y metáforas a través de las cuales los adeptos velaban y develaban su saber, *Teorías y símbolos de los alquimistas* podría parecer entonces una obra indiscreta, impropia de un *frater alchemiae*. Pero, si bien el texto nos sirve de Piedra de Rosetta para aprender a leer buena parte de los grabados alquímicos, está lejos de su ambición conducirnos de forma rápida y directa a la consecución de la Gran Obra, ni lo promete. En todo caso, el libro de Poisson sirve como iniciación. El autor acoge al lector en su taller, lo toma como aprendiz, le muestra las herramientas y le habla sobre los maestros, lo guía para que pueda llevar a cabo su propia búsqueda. Y esa incitación a la búsqueda se hace patente con la forma en que cierra su exposición: entrega un complejo pantáculo de Basilio Valentin para que el lector se emplee en descifrarlo a partir de lo que acaba de leer.

Aunque deleita al conocedor por la cantidad de referencias que contiene, por las vías de estudio y reflexión que abre a modo de citas textuales, se trata del libro ideal para que, como le sucedió a su autor a los 17 años, aquel que ha leído poco o nada sobre Alquimia sienta «despertar su espíritu». En contraposición a buena parte de las obras divulgativas sobre Alquimia que se han publicado en los últimos años, que suelen ser textos vacíos que enmascaran su intrascendencia y la falta de comprensión de la materia que aqueja a sus autores con un abigarramiento estilístico que sólo confunde y distrae, *Teorías y símbolos de los alquimistas* es el elegante resultado de destilar la erudición y la sabiduría con el propósito de hacer más sabio al lector, y espolear su curiosidad.

En poco más de 100 páginas, Poisson explica y pone en contexto los conceptos básicos con los que opera todo alquimista. Lo hace —en esto también se diferencia de los autores-sopladores— apoyándose en escritores y textos que van desde la Antigüedad hasta su tiempo. Para definir la Alquimia acude a Paracelso, Dionisio Zachaire, Roger Bacon…; si busca ayudarnos a comprender qué es el *alkaest* cita a Glauber; cuando nos hable de la palingenesia nos remitirá al *Mundus subterraneus* de Kircher, y su explicación de la unidad de la materia partirá del *Carro triunfante del Antimonio* de Basilio Valentín, por citar sólo algunos ejemplos. El Mercurio, el Azufre y la Sal, el Oro y la Plata, la Piedra Filosofal…, pero también otros menos popularizados y difundidos, como el «estómago de avestruz» de Filaleteo quedan explicados de forma clara en este volumen.

Poisson también se emplea en dar explicación de los procesos alquímicos que consignan distintos autores como pasos intermedios para la consecución de la Piedra Filosofal, e incluso sobre la preparación y las características de los artilugios, y las manías o precisiones de sabios como Bacon, que explica que el huevo de los filósofos debía ser: «ser redondo, con un cuello pequeño, de vidrio o de una tierra tan resistente como el vidrio», o Filaleteo, que añade que tenía que ser «lo bastante grande para contener una onza de agua destilada en la amplia capacidad de su barriga». Hasta este nivel de detalle desciende el autor parisino.

Precisamente por su amplio conocimiento de la Gran Obra y por su exposición sobre la forma en que los alquimistas conciben la unidad de la materia, sobresalta leer su enconada oposición al diálogo entre la Alquimia y la Cábala. Es el único punto de su discurso en el que Poisson hace sonar su propia voz para contradecir a algunos de sus predecesores que comprendieron la Gran Obra como una tarea «mística». A Basilio Valentín, Paracelso y John Dee les reprocha: «La Alquimia, ciencia de observación, no podía aprovechar para nada su alianza con la Cábala, ciencia puramente especulativa. La agregación de elementos extraños no debía sino volverla más oscura».

Estudiante de Medicina, Poisson defiende una noción operativa y cientifista de la Alquimia. Los argumentos del autor para oponerse a mezclar Alquimia y Cábala se cimientan en su comprensión como «ciencia de observación» de la primera, y de «puramente especulativa» de la segunda. Sin embargo, huelga decir que, si bien la erudición de Poisson en materia alquímica brilla en cada página de su ensayo, sus consideraciones sobre la Cábala denotan un desconocimiento de la materia, por otra parte, comprensible. El doctor John Dee, al que le reprocha que trenzase ambas tradiciones, había tenido que aprender hebreo para poder acceder a ese saber. A finales del siglo xix, cuando vivió Poisson, las principales obras de la Cábala no se habían traducido todavía al francés. De hecho, la primera edición del Zohar en lengua gala –la traducción de Jean de Pauly a partir de la versión latina de Pico della Mirandola– no se imprimió hasta principios del siglo xx.

Por otra parte, inconscientemente, debemos entender, el mismo Poisson señala cómo ambas tradiciones se ocupan de un mismo objeto y operan bajo la misma premisa fundamental: la existencia de Una realidad primera, lo previo incognoscible, lo que se halla más allá del confín de la ciencia, y es incausado y causa de todo lo demás. A pesar de que explicite su resistencia a la vía mística, la naturaleza trascendental de la Alquimia que la emparenta con la mística judía subyace y emerge en su propia obra:

«En la base de la teoría hermética, se encuentra una gran ley: la unidad de la materia. La materia es una, pero puede tomar diversas formas y, bajo estas formas nuevas, combinarse con ella misma y producir nuevos cuerpos en número indefinido. Esta materia primera era llamada simiente, caos, sustancia universal. Sin entrar en más detalles, Basilio Valentin coloca como principio la unidad de la materia: 'Todas las cosas vienen de una misma simiente, todas ellas han sido en el origen paridas por la misma madre'. (*Carro triunfal del Antimonio*). Sendivogius, más conocido bajo el nombre de El Cosmopolita, es más explícito en sus Cartas. 'Los cristianos –dice él– creen que Dios había al comienzo creado una cierta materia primera… y de esta materia por vía de separación, han sido obtenidos cuerpos simples, que habiendo sido mezclados enseguida unos con otros, por vía de composición sirvieron para hacer lo que vemos… Hubo en la creación una especie de subordinación, de modo que los seres más simples han servido de principios para la composición de los siguientes y estos de otros'. Resume, finalmente, todo lo que acaba de decir en estas dos proposiciones: 'A saber: 1.º la producción de una materia primera a la cual nada ha precedido, 2.º la división de esta materia en elementos y finalmente por medio de estos elementos la fabricación y composición de los mixtos'».

Esta genealogía de la noción de unidad de la materia que traza Poisson en el ámbito de la Alquimia –de hecho, uno de los pasajes más lúcidos e interesantes del libro– podría reproducirse a partir de fuentes cabalísticas como el *Séfer Yetzirah* y *El Zohar*.

Por otra parte, cuando Poisson glosa los objetivos secundarios de los filósofos herméticos apunta la creación de «seres animados», aunque es cierto que la idea parece disgustarle. La considera un acto que refleja el «orgullo» de adeptos que creyeron «poder igualarse a Dios». Cita a este respecto dos autores por los que, en otros pasajes, mostrará admiración: «según la leyenda, Alberto el Grande había construido un autómata en madera, un androide al cual había dado la vida mediante potentes conjuros. Paracelso fue más lejos y pretendió crear un ser vivo en carne y hueso, el *homunculus*». Resulta complicado no ver los paralelismos entre el homúnculo paracelsiano y el gólem de los cabalistas. Paracelso o el rabino Judah Loew habrían empleado su conocimiento hermético para insuflar movimiento (¿vida?) a un cuerpo inicialmente desprovisto de espíritu.

Con todo, esta resistencia a tender puentes entre Cábala y Alquimia es uno de los pocos reproches que puede hacérsele a un libro que es, por lo demás, excelente.

Por citar una más de las virtudes de la obra, haré notar la vasta pluralidad geográfica y cronológica de las numerosas fuentes que cita Poisson, hecho que refuerza la idea de una tradición perenne cuyos secretos se han transmitido de forma ininterrumpida y sin atender a fronteras, un saber que mana de una fuente previa al desgajamiento del ser humano en distintas tribus, culturas o sociedades. Las tesis de los alquimistas se defienden en Poisson con argumentos que proceden de los filósofos anónimos de la Grecia clásica o del Egipto de los faraones, pensadores medievales como el siciliano Santo Tomás de Aquino, el mallorquín Ramón Llull o el francés Nicolás Flamel, y alquimistas modernos como el noble polaco conocido como El Cosmopolita o el químico auvernés Blaise de Vigenère, hasta llegar al propio Poisson. Es decir, que a partir de esta obra podemos afirmar por enésima vez aquello que uno de mis maestros expresaba de forma sencilla y brillante: lo confesional es semiótico y circunstancial, mientras que lo sagrado, como nos recordó Mircea Eliade, es estructural en el ser humano.

Teorías y símbolos de los alquimistas se completa con 15 planchas, sobre cuyos símbolos Poisson pone en práctica las lecturas que nos enseña a llevar a cabo con el pasar de las páginas. De la misma forma que realiza con las fuentes para clarificar los conceptos, nos muestra cómo los símbolos adquieren un significado más profundo y comunican un conocimiento más complejo al dialogar entre sí en grabados como los que extrae del *Viatorum spagyiricum* de Jamshler o el *Crede mihi* de Norton. Ya nos ha explicado qué se halla en el sustrato de la figura del Rebis pero, ¿qué se nos comunica si se lo representa sosteniendo un cuervo y un cáliz del que asoman tres serpientes? O, ¿qué implica que se lo represente tumbado en un jardín delimitado por un muro de tres paredes? También a este respecto, Poisson ofrece herramientas al aprendiz al instruirlo en las formas gráficas de representación alquímica a partir de ejemplos sencillos, paradigmáticos, que permitirán al lector tener asideros para afrontar la lectura de obras más complejas, como el *Mutus liber*, en que el adepto transmite conocimiento únicamente a partir de ilustraciones.

En definitiva, la obra de Poisson es una iniciación en forma de texto, un itinerario bibliográfico por las lecturas que debe acabar cubriendo el adepto del siglo XXI y la lección sobre los fundamentos de la Alquimia más completa que tiene a su disposición el lector en lengua española a fecha de 14 de agosto de 2020, cuando acabo de escribir estas líneas, en la localidad francesa de Ginoles, a mediodía en punto.

David Aliaga

Introducción

I.

La Alquimia es la ciencia más nebulosa que nos haya dejado la Edad Media. La Escolástica con su argumentación infinitamente sutil, la Teología con su fraseología ambigua, la Astrología tan amplia y tan complicada, no son más que juegos de niños, comparadas con la Alquimia.

¡Abrid uno de los venerables tratados herméticos del siglo XV o XVI y leed! Si no habéis realizado ningún estudio especial, si no habéis sido ya iniciados en la terminología alquímica, si, en definitivas cuentas, no gozáis de un cierto conocimiento de la química inorgánica, cerraréis rápidamente el volumen decepcionados y desanimados.

Algunos dirán que estas alegorías están vacías de sentido, que estos símbolos misteriosos son figuras hechas caprichosamente. Es fácil despreciar lo que no se entiende, y son poco numerosos aquellos que gustan de los desafíos y que aman el esfuerzo. Estos son los elegidos de la ciencia, pues tienen perseverancia, que es la primera virtud del sabio. Si un problema se presenta ante ellos, trabajarán sin descanso hasta encontrar la solución: el ilustre químico Dumas, partiendo de un hecho, ¡tardó diez años en descubrir la ley de las sustituciones!

Los tratados herméticos son oscuros, es verdad, pero, bajo esta oscuridad se oculta la luz. Una vez conocida la teoría alquímica, poseyendo la clave de los símbolos principales, se puede valientemente emprender la lectura de Ramon Llull,

Paracelso, Bernardo El Trevisano, Flamel, Roger Bacon, Ireneo Filaleteo. Lo que le parecía vacío de sentido, lo encontrará lógico, leerá como Mariette leía los jeroglíficos, experimentará un gran placer al descifrar por vosotros mismos este lenguaje desconocido, al caminar paso a paso, pero con seguridad, hacia la luz.

II.

Al igual que tantas otras ciencias, la Alquimia nació en el antiguo Egipto. Originariamente, el conocimiento estaba reservado a los sacerdotes y a algunos iniciados quienes no operaban sino con el mayor misterio en el silencio de los santuarios. Vino la conquista romana, los secretos isíacos pasaron al neoplatonismo y a los gnósticos. De esa época (siglo II y III de la era cristiana) datan verdaderamente los tratados alquímicos. Algunos nos han llegado bajo nombres como Ostanes, Pelagio, el pseudo Demócrito, Sinesio, Zósimo, Hermes, el Anónimo Cristiano, e incluso Cleopatra. Estos tratados donde el arte de hacer Oro se encuentra al lado de recetas metalúrgicas y económicas han sido estudiados y puestos al día por *monsieur* Berthelot en su *Introducción al estudio de la Química* y sobre todo en su *Colección de alquimistas griegos*. Se puede constatar que desde entonces la alquimia está constituida con todos sus accesorios, y que sus teorías atravesaron las edades sin cambiar hasta nuestro gran Lavoisier.

Más tarde, los bárbaros invaden Europa y las ciencias, las artes, las letras quedan muertas en occidente. Es en Oriente donde las volvemos a encontrar en manos de los árabes. Sus químicos, observadores pacientes y operadores hábiles, liberaron la ciencia de sus elementos extraños, magia, cábala, misticismo. El más célebre entre ellos es sin lugar a dudas Geber, el primero en hablar del ácido nítrico y del Agua regia. Nos basta citar a su lado algunos nombres: Avicena, Rhasés, Alfidio, Calid, Morieno, Avenzoar.

Con los árabes terminan los comienzos de la Alquimia, que en lo sucesivo caminará a pasos agigantados hacia su apogeo.

De este modo, en la Europa desembarazada de los terrores del Año Mil, hubo una especie de Renacimiento (que se nos perdone este anacronismo). Las Cruzadas permitieron a Occidente adquirir la gloria y las ciencias. Lo más preciado que trajeron los cruzados fueron las obras de Aristóteles y los tratados de los alquimistas árabes.

La Filosofía tomó un nuevo auge y la Alquimia contó en Europa con sus primeros grandes maestros: ¡Alain de Lille, Alberto el Grande, Roger Bacon, Santo Tomás de Aquino y Ramon Llull! La vía estaba ampliamente abierta, y no sólo a la Alquimia, sino a todas las ciencias de la observación: ¿Roger Bacon y Alberto el Grande no habían sustituido la experiencia por la autoridad de los antiguos?

Los alquimistas se multiplican sobre todo a finales del siglo XIV y del siglo XV: en Inglaterra, George Ripley, Bartolomeo; en Francia, Bernardo el Trevisano, el celebérrimo Nicolás Flamel; en Alemania, Eck de Sultzbach, Ulstadius, el abad Tritemo, Basilio Valentín, Isaac el Holandés.

III.

Con Basilio Valentín entramos en una era nueva, en que la alquimia tiende al misticismo y se alía de nuevo, como en sus orígenes, con la cábala y la magia y al mismo tiempo, aparece la Química propiamente dicha que, poco a poco, se separa de su madre.

El representante más ilustre de la Alquimia del siglo xvi es Paracelso. Nunca un reformador fue más violento, nunca un hombre tuvo amigos tan entusiastas y enemigos tan encarnizados. Un volumen entero no bastaría para enumerar las obras de sus discípulos y los panfletos de sus detractores. Los paracelsistas más conocidos fueron Thurmeysser, Croll, Dorn, Roche-le-Baillis, Bernard Penot, Quercetanus y, sobre todo, Libavius. Los otros alquimistas de esta época, que no pertenecen a ninguna escuela, son el famoso Dionisio Zachaire, Blaise de Vigenère, Barnauld, Grosparmy, Vicot, Gastón Claves o Dulco, Kelley, Sendivogius o El Cosmopolita. Se puede poner junto a ellos a Juan Bautista Porta, el autor bien conocido de la *Magia natural* y de la *Fisiognomía humana*.

En el siglo xvii, la Alquimia se encuentra en todo su esplendor, los adeptos surcan Europa demostrando la verdad de la ciencia de Hermes por medio de transmutaciones realmente asombrosas. Verdaderos apóstoles que viven pobremente, se ocultan bajo una apariencia miserable, van por las grandes ciudades, y no se dirigen sino a los sabios; su único deseo es demostrar la verdad de la Alquimia por los hechos. Es así como Van Helmont, Bérigard de Pisa, Crosset de la Haumerie o Helvetius fueron convertidos a la Alquimia. El resultado fue alcanzado, la sed de Oro se apoderó del mundo entero: todos los conventos tenían un laboratorio, en compañía de los alquimistas a su servicio los príncipes y los reyes trabajaron en la Gran Obra, los médicos, sobre todo, y también los farmacéuticos se dedicaron al hermetismo. Al mismo tiempo, aparece la famosa sociedad de los rosacruces, sobre la cual no se sabe aún hoy nada de claramente cierto.

Los tratados de Alquimia que vieron la luz en el siglo xvii son innumerables, pero no hay un gran número a citar, salvo los de Filaleteo, D'Espagnet y Michael Maier. En segundo lugar encontramos a Chartier, Nuysement, Colleson, d'Atremont, Salmon, Helias, Barchusen, Planiscampi, Saint Romain, etc.

IV.

En el siglo xviii, la Alquimia se encuentra en plena decadencia; la Química, por el contrario, ha progresado y se ha constituido en ciencia, los descubrimientos se suceden, los hechos se amontonan. La Alquimia todavía tiene partidarios, pero se ocultan para trabajar, se los mira como insensatos. No hay más adeptos y nos contentamos con reimprimir tratados antiguos, o poner al día compilaciones sin valor alguno. Hay pocos nombres que citar: Pernety, Respour, Lenglet-Dufresnoy –autor de la *Historia de la filosofía hermética*–, Libois, Saint-Germain. La historia de la Alquimia en el siglo xviii termina con dos charlatanes: Cagliostro y Etteila.

En nuestro siglo, la Alquimia parece muerta, no es sino una ciencia curiosa, interesante de conocer para la historia de la Química. Sólo encontramos dos alquimistas aferrados a la antigua doctrina: Cyliani y Cambriel. En cuanto a Tiffereau y a Louis Lucas, en realidad, se apoyan sobre la Química moderna para llegar a las mismas conclusiones que los alquimistas propiamente dichos. Porque los últimos descubrimientos de la ciencia tienden a demostrar la unidad de la materia y por consiguiente la posibilidad de la transmutación, lo cual es curioso. ¡Es verdad que Pitágoras ya había dicho positivamente que la Tierra gira alrededor del Sol y, después de dos mil años de error, Copérnico restableció esta vieja verdad!

V.

Hablemos ahora sobre este libro. Nos hemos esforzado en presentarlo lo más claramente posible, y aunque todas las cosas se encadenan en él rigurosamente como en una demostración, es necesario leerlo con atención y método. Los grabados han sido reproducidos por procedimientos fotostáticos y no dejan nada que desear en cuanto a su exactitud. Las numerosas citas que eran indispensables para apoyar lo que sostenemos han sido traducidas fielmente o, si estaban en francés antiguo, hemos conservado su ortografía.

Se encontrará al final del volumen un diccionario donde se resume el significado de los símbolos herméticos más comunes, una lista de los autores citados en este volumen y un ensayo sobre la bibliografía alquímica de nuestro siglo; en fin, una tabla analítica muy detallada.

Esta obra continúa una serie de estudios sobre la Alquimia, serie que habíamos comenzado por la publicación de *Cinco tratados de Alquimia*. Nos proponemos entregar sucesivamente, *Historia de la Alquimia desde la Antigüedad hasta nuestros días*, después un estudio sobre los laboratorios alquímicos, los instrumentos y las operaciones químicas de los filósofos herméticos.

Albert Poisson

PRIMERA PARTE

LAS TEORÍAS DE LOS ALQUIMISTAS

Capítulo I

Las teorías alquímicas – La unidad de la materia
– Los tres principios: azufre, mercurio, sal
o arsénico – La teoría de Artefius – Los cuatro
elementos

¿Qué es la Alquimia? Para nosotros no es sino una ciencia natural, madre de la Química. Pero los propios alquimistas, ¿cómo definían su ciencia? Paracelso dice: «La Alquimia es una ciencia que enseña a cambiar los metales de una especie en otra especie» *(El cielo de los filósofos)*. Es la definición que dan la mayor parte de los alquimistas, así Dionisio Zachaire, en su *Opúsculo de la filosofía natural de los metales* dice: «Es una parte de la filosofía natural que muestra la manera de perfeccionar los metales en la Tierra, imitando a la naturaleza en sus operaciones, tanto como le sea posible». Roger Bacon, espíritu exacto, da una definición más precisa: «La Alquimia es la ciencia que enseña a preparar una cierta medicina o elixir que, proyectado sobre los metales imperfectos les comunica la perfección, en el momento mismo de la proyección» *(Espejo de la Alquimia)*. Asimismo, «la Argiropea y la Crisopea es el arte que enseña a dar a la materia cercana al Oro y a la Plata, la forma de estos metales» (G. Claves: *Apologia chrisopaiae et argiropoetiae*). En el siglo XVIII, cuando la Química brillaba en todo su esplendor, fue necesario diferenciar las dos ciencias, y he aquí como habla de ello Dom Pernety: «La Química vulgar es el arte de destruir los compuestos que la naturaleza ha formado, y la Química hermética es el arte de trabajar con la naturaleza para perfeccionarlos». *(Fábulas griegas y egipcias).*

Pero todos estos alquimistas no visualizaron sino la alta Alquimia. Había, en efecto, dos tipos de alquimistas: los sopladores, gentes desprovistas de teoría, que trabajaban a ciegas. Buscaban ciertamente la Piedra Filosofal, pero empíricamente, a trompicones, hacían Química industrial, fabricando jabones, falsas piedras preciosas, ácidos, aleaciones, colores; fueron ellos quienes dieron nacimiento a los químicos; fueron ellos quienes vendían por dinero el secreto de hacer Oro, charlatanes y tramposos, acuñaban moneda falsa; más de un soplador fue colgado en la horca dorada, suplicio reservado a esta especie de impostores. Por el contrario, los filósofos herméticos desdeñaban estos trabajos que calificaban de sofisticaciones, y se entregaban a la búsqueda de la Piedra Filosofal no por avaricia sino por amor a la ciencia. Tenían teorías especiales que no les permitían apartarse de ciertos límites en sus investigaciones.

Así, en la preparación de la Piedra Filosofal, no trabajaban sino sobre los metales y generalmente sobre los metales preciosos, en tanto que los sopladores hacían desfilar en sus alambiques los productos heteróclitos de los reinos vegetal, animal y mineral. Por lo tanto, los filósofos perseveran en la vía que se han trazado, sus doctrinas atraviesan intactas los siglos, mientras que los sopladores abandonan poco a poco investigaciones costosas y muy largas para ocuparse de cosas prosaicas, pero de mayores beneficios, poco a poco la Química se constituye en ciencia y se separa de la Alquimia.

No se puede resumir mejor el asunto sino citando un pasaje de la *Physica Subterranea* de Beccher: «Los falsos alquimistas no buscan sino hacer Oro, los verdaderos filósofos no desean sino la ciencia, los primeros no hacen sino tinturas, sofisticaciones, inepcias, los otros inquieren sobre los principios de las cosas».

Vamos ahora a examinar los problemas que los alquimistas se proponían resolver. El primero y el principal consistía en la preparación de un compuesto, denominado Elixir, Magisterio, Medicina, Piedra Filosófica o Filosofal, dotado de la propiedad de transmutar los metales ordinarios en Oro o en Plata. Se reconocían dos elixires, uno blanco que transmutaba los metales en Plata, y uno rojo que los transmutaba en Oro. Los alquimistas griegos conocían esta distinción de dos elixires, el primero blanqueaba los metales, λευζωσις , el segundo los amarilleaba, ξχνθωσις, (véase Berthelot: *Orígenes de la Alquimia*). La Piedra Filosofal no tenía al comienzo más que un simple poder transmutatorio sobre los metales, pero más tarde los filósofos herméticos le reconocieron multitud de otras propiedades: producir piedras preciosas, diamantes, curar todas las enfermedades, prolongar la vida humana más allá de los límites ordinarios, dar al que la posee la ciencia infusa y el poder de dominar las potencias celestes, etc. Se encontrará este punto más desarrollado en la segunda parte de esta obra.

Los primeros alquimistas no tenían otro objetivo que la transmutación de los metales, pero más tarde se propusieron varios otros problemas. En su orgullo, creyeron poder igualarse a Dios y crear desde cero seres animados. Ya, según la leyenda, Alberto el Grande había construido un autómata en madera, un androide al cual había dado la vida mediante potentes conjuros. Paracelso fue más lejos y pretendió crear un ser vivo en carne y hueso, el *homunculus*. Se encuentra en su tratado *De natura rerum* (*Paracelsi opera omnia medico chimico chirurgica*, tomo II) el modo de proceder. En un recipiente se colocan diferentes productos animales que con razón no nombraremos; para el éxito de la operación son necesarias las influencias favorables de los planetas, así como un calor moderado. Pronto un ligero vapor se eleva en el recipiente, toma poco a poco la forma humana, la pequeña criatura se agita, habla… El *homuncu-*

lus ha nacido. Paracelso indica con gran seriedad el provecho que se le puede sacar y la manera de alimentarlo.

Los alquimistas también buscaban el *alkaest* o disolvente universal. Este líquido sería capaz de disolver todos los cuerpos que se sumergieran en él. Los unos creyeron verlo en la potasa cáustica, otros en el Agua regia, Glauber en su Sal admirable (sulfato de sodio). Pero se habían olvidado de algo, el *alkaest* que lo disuelve todo habría atacado el vaso que lo contenía. Pero como no hay hipótesis tan falsa que no permita descubrir alguna verdad, buscando el *alkaest* los alquimistas descubrieron varios cuerpos nuevos.

La palingenesia puede, como concepto, estar cerca del *homunculus*. Esta palabra significa resurrección. Era, en efecto, una operación por la cual se reconstituía un arbusto, una flor, con sus solas cenizas. Kircher en su *Mundus subterraneus* ha indicado la manera de hacer renacer una flor de sus cenizas.

Los alquimistas intentaron también recoger el *Spiritus mundi*, el espíritu del mundo. Esta sustancia propagada en el Aire, saturada de influencias planetarias, poseía una multitud de propiedades maravillosas, particularmente la de disolver el Oro. La buscaban en el rocío, en *flos caelis* o *nostoc*, especie de criptógamo, que aparece después de las grandes lluvias: «La lluvia del equinoccio me sirve de instrumento para hacer salir de la Tierra el *flos coelis* o el maná universal que quiero recoger para hacerla corromper, a fin de separar milagrosamente un Agua que es la verdadera fuente de Juvencio que disuelve el Oro radicalmente» (de Respour, *Curiosas experiencias sobre el espíritu mineral*).

El problema de la Quintaesencia era más racional, se trataba de extraer las partes más activas de cada cuerpo: el resultado inmediato fue el perfeccionamiento de los procedimientos destilatorios.

En fin, los alquimistas buscaban el Oro potable. Según ellos, al ser el Oro un cuerpo perfecto, debía ser un remedio enérgico que comunicara al organismo una resistencia considerable de toda especie de enfermedades. Unos utilizaban una solución de cloruro de Oro, como se puede ver por el pasaje siguiente: «Si se vierte Agua abundantemente en esta solución y se pone allí estaño, plomo, hierro o bismuto, el Oro al ser precipitado, tiene por costumbre ligarse al metal. Y tan pronto como se remueva el Agua, el Oro precipitado que parece un barro turbio se reúne en el Agua» (Glauber: *La medicina universal*).

Pero generalmente los empíricos, bajo el nombre de Oro potable, vendían bastante caro cualquier líquido que ofreciera un hermoso color amarillo, especialmente la solución de percloruro de hierro.

Como hemos visto, a los alquimistas no les faltaban temas para ejercer su paciencia: pero al abandonar los problemas secundarios, en su gran mayoría no perseguían sino la realización de la Gran Obra. La mayor parte de los tratados herméticos no hablan más que de la Piedra Filosofal, por lo tanto, no examinaremos sino este único punto, sin ocuparnos más de los problemas de segundo orden que, por lo demás, no aparecen sino bien tarde en la historia de la Alquimia, y que fueron sometidos a una multitud de variaciones, modificando cada uno el problema o dándole una solución diferente.

Capítulo II

Las teorías alquímicas – Unidad de la materia –
Los tres principios: azufre, mercurio, sal
o arsénico – Teoría de Artephius –
Los cuatro elementos.

Se ha repetido a menudo que los alquimistas trabajaban a ciegas. Es un grave error. Tenían teorías muy racionales que, emitidas por los filósofos griegos del siglo II de la era cristiana, se han mantenido casi sin alteración hasta el siglo XVIII.

En la base de la teoría hermética, se encuentra una gran ley: la unidad de la materia. La materia es una, pero puede tomar diversas formas y, bajo estas formas nuevas, combinarse con ella misma y producir nuevos cuerpos en número indefinido. Esta materia primera era llamada simiente, caos, sustancia universal. Sin entrar en más detalles, Basilio Valentín coloca como principio la unidad de la materia: «Todas las cosas vienen de una misma simiente, todas ellas han sido en el origen paridas por la misma madre». *(Carro triunfal del Antimonio)*. Sendivogius, más conocido bajo el nombre de El Cosmopolita, es más explícito en sus *Cartas*. «Los cristianos –dice él– creen que Dios había al comienzo creado una cierta materia primera… y de esta materia por vía de separación, han sido obtenidos cuerpos simples, que habiendo sido mezclados enseguida unos con otros, por vía de composición sirvieron para hacer lo que vemos… Hubo en la creación una especie de subordinación, de modo que los seres más simples han servido de principios para la composición de los siguientes y estos de otros». Resume, finalmente, todo lo que acaba de decir en estas dos proposiciones: «A saber: 1.º la producción de una materia primera a la cual nada ha precedido, 2.º la división de esta materia en elementos y finalmente por medio de estos elementos la fabricación y composición de los mixtos» («Carta XI»). Entiendo por mixto toda especie de cuerpo compuesto.

D'Espagnet completa a Sendivogius estableciendo la indestructibilidad de la materia. Agrega que no puede más que cambiar de forma: «…Todo lo que porta el carácter del ser o de la sustancia ya no puede abandonarlo y por las leyes de la naturaleza, no le está permitido pasar al no-ser. Es por esto por lo que Trismegisto dice muy oportunamente, en el *Poimandrés*, que nada muere en el mundo, sino que todas las cosas pasan y cambian» *(Enchiridion phisicæ restitutæ)*. Naturalmente, admite la existencia de una materia primera. «Los filósofos han creído –dice– que había una cierta materia primera, anterior a los elementos». Esta hipótesis se encuentra ya en Aristóteles. Examina a continuación las cualidades que los metafísicos han atribuido a la materia. Barlet nos informa sobre este punto: «La sustancia universal es toda completa interiormente sin distinción de género o de sexo, es decir, preñada, fecunda e impregnada de todas las cosas sensibles por ocurrir» *(La geotecnia ergocósmica)*. Lo que equivale a decir que la materia primera no contiene ningún cuerpo en acción y los representa a todos en potencia. Generalmente se admitía que la materia primera es líquida, es un Agua que en el origen del mundo era el caos. «Era la materia primera que contenía a todas las formas en potencia… Este cuerpo uniforme era acuático y llamado por los griegos υλη, denotando por la misma palabra el Agua y la materia». *(Carta filosófica)*. Más adelante, se dice que fue el Fuego que desempeñó el papel de macho en relación a la materia hembra, así tomaron nacimiento todos los cuerpos que componen el universo. Como se ve, la hipótesis de la materia primera era la base misma de la Alquimia, partiendo de este principio, era racional admitir la transmutación de los metales.

La materia se diferenciaba al comienzo en Azufre y en Mercurio, y estos dos principios, uniéndose en diversas proporciones, formaban todos los cuerpos. «Todo se compone de materias sulfurosas y mercuriales» declara el Anónimo Cristiano, alquimista griego.

Más tarde se agregó un tercer principio, la Sal o Arsénico, pero sin darle tanta importancia como al Azufre y al Mercurio. Estos tres principios no designaban en modo alguno cuerpos vulgares. Representaban ciertas cualidades de la materia. Así, el Azufre en un metal, da figura al color, su combustibilidad, la propiedad de atacar otros metales, la dureza; por el contrario, el Mercurio representa la intensidad, la volatilidad, la fusibilidad, la maleabilidad. En cuanto a la Sal, era simplemente un medio de unión entre el Azufre y el Mercurio, como el espíritu vital entre el cuerpo y el alma.

La Sal fue introducida como principio ternario, sobre todo por Basilio Valentín, Kunrath y Paracelso, en una palabra, por los alquimistas místicos. Antes de ellos, Roger Bacon había hablado de ello, pero incidentalmente, sin atribuirle cualidades especiales, sin ocuparse demasiado. Por el contrario, Paracelso la emprende contra sus predecesores que no conocían la Sal. «Han creído que el Mercurio y el Azufre eran principios de todos los metales y no han mencionado ni en sueños el tercer principio» *(El tesoro de los tesoros)*. Pero la Sal es bastante poco importante e, incluso después de Paracelso, numerosos alquimistas no se ocuparon de ella.

El Azufre, el Mercurio y la Sal no son, pues, sino abstracciones cómodas para designar un conjunto de propiedades. Si un metal era amarillo o rojo, difícilmente fusible, se decía que el Azufre abundaba en él. Pero es necesario no olvidar que el Azufre, el Mercurio y la Sal derivaban de la materia primera: «Oh maravilla, el Azufre, el Mercurio y la Sal me hacen ver tres sustancias en una sola materia» (*Luz saliendo por sí misma de las tinieblas*, de Marco Antonio Crassellame).

Eliminar en un cuerpo ciertas propiedades era reparar el Azufre o el Mercurio, por ejemplo, volver un metal infusible transformándolo en cal u óxido era haber volatilizado su Mercurio y extraído su Azufre. Otro ejemplo, el Mercurio ordinario contiene metales extraños que quedan en el alambique cuando se le destila, esta parte fija era considerada por los alquimistas como el Azufre del Mercurio vulgar; transformando el Azogue o Mercurio en bicloruro, obtenían de esta forma un cuerpo completamente volátil y creían haber extraído mediante esta operación el Mercurio principio del Mercurio metal.

No podemos dejar la cuestión de los tres principios sin mencionar la teoría de Artefius, alquimista del siglo xi. Para él, el Azufre representa en los metales las propiedades visibles; el Mercurio, las propiedades ocultas o latentes. En todos los cuerpos es necesario distinguir las propiedades visibles: color, brillo, superficie, es el Azufre que las representa; luego las propiedades ocultas que no se revelan sino por la intervención de una fuerza exterior: fusibilidad, maleabilidad, volatilidad, etc., propiedades debidas al Mercurio. Esta explicación difiere poco de la dada más arriba.

Al lado del Azufre, del Mercurio y de la Sal, los alquimistas admitían cuatro elementos teóricos: la Tierra, el Agua, el Aire y el Fuego. Estas palabras eran tomadas en un sentido absolutamente diferente del sentido vulgar. En la teoría alquímica, los cuatro elementos, no más que los tres principios, no representan cuerpos particulares, son simples estados de la materia, modalidades. El Agua es sinónimo de líquido, la Tierra es el estado sólido, el Aire, el estado gaseoso. El Fuego, un estado gaseoso muy sutil, como el de un gas dilatado por el calor. Los cuatro elementos representan, pues, los estados bajo los cuales la materia se presenta ante nosotros. Se podría decir, por consiguiente, que los elementos componen todo el Universo. Para un alquimista, todo líquido es un Agua, todo sólido es Tierra en último análisis, todo vapor es Aire. Por eso encontramos en los antiguos tratados de Física que el Agua corriente calentada se cambia en Aire. Esto no quiere decir que el Agua se transforme en la mezcla respirable que constituye la atmósfera, pero con seguridad que el Agua, al comienzo líquida se transforma en un fluido aeriforme, en un gas, como ya se ha dicho.

Los elementos no solamente representaban estados físicos, sino, por extensión, cualidades.

«Todo lo que era de cualidad cálida ha sido llamado por los antiguos Fuego; lo que era seco y sólido, Tierra; lo que era húmedo y fluido, Agua; lo frío y sutil, Aire» *(Epístola de Alejandro)*.

El Agua, al transformarse en vapor, así como todos los líquidos cuando se los calienta, y, por otra parte, los cuerpos sólidos siendo generalmente combustibles, los filósofos herméticos habían creído reducir el número de elementos a dos visibles, la Tierra y el Agua, que encierran en su interior a los elementos invisibles, el Fuego y el Aire. La Tierra contiene en sí el Fuego, y el Agua encierra el Aire en estado invisible. Cuando una causa exterior viene a actuar, el Fuego y el Aire se manifestarán. Cotejemos aquí con la teoría de Artefius mencionada más arriba: la Tierra corresponderá al Azufre, el Agua al Mercurio y recíprocamente. En suma, los cuatro elementos con el Azufre y el Mercurio representaban aproximadamente las mismas modificaciones de la materia primera, destinadas a componer el resto de los cuerpos. Solamente el Azufre y el Mercurio, que representan cualidades metálicas, estaban más especialmente reservados a los metales y a los minerales, mientras que los cuatro elementos se aplicaban al reino vegetal y animal. Cuando un alquimista destilaba una madera y obtenía un residuo fijo, una esencia o aceite, y productos inflamables, decía haber descompuesto esta madera en Tierra, Agua y Fuego. Más tarde, a los cuatro elementos se les añadió un quinto, la Quintaesencia: «Podemos nombrar las partes más sólidas, Tierra; las más húmedas, Agua; las más delicadas y espirituales, Aire; el calor natural, Fuego de la naturaleza, y las otras ocultas y esenciales se llaman bastante a propósito esencias celestes y astrales, o Quintaesencia» (D'Espagnet: *Enchiridion phisicæ restitutæ*). Esta Quintaesencia correspondería a la Sal. Así se va viendo cómo las teorías de los alquimistas eran coherentes. Mientras que un soplador se perdía en este dédalo, tres principios, cuatro elementos, una Materia Universal, un filósofo conciliaba fácilmente estas diferencias aparentes. Y ahora comprenderemos cuán necesario es entender estas palabras del monje Hélias: «Es con los cuatro elementos que todo lo que está en el mundo ha sido creado por la omnipotencia de Dios» (Hélias: *Espejo de la alquimia*).

Estas teorías existían desde el origen de la Alquimia. Entre los griegos, el alquimista Sinesio, en su *Comentario al Libro de Demócrito*, nos hace notar que en la operación alquímica el artista no crea nada, modifica la materia, cambia su forma. El Anónimo Cristiano que hemos citado pertenece a la misma época. En cuanto a los cuatro elementos, eran conocidos desde hacía largo tiempo. Zósimo da a su conjunto el nombre de Tetrasomía, o los cuatro cuerpos.

He aquí, en forma de esquema, el resumen de la teoría alquímica general.

Primera materia,
única,
indestructible

Azufre,
principio fijo

Tierra (visible, estado sólido)
Fuego (oculto, estado sutil)

Sal

Quintaesencia (estado
comparable al éter
de los físicos)

Mercurio
principio volátil

Agua (visible, estado líquido)
Aire (oculto, estado gaseoso)

Capítulo III

Los siete metales – Su composición –
Su génesis – El fuego central –
Ciclo de formación – Influencias planetarias

Los alquimistas, al trabajar sobre todo en los metales, se comprende que se hayan extendido bastante sobre la génesis y la composición de los mismos, reconociendo siete, a los cuales les atribuyen el nombre y el signo de los siete planetas: Oro o Sol ☉, Plata o Luna ☽, Mercurio ☿, Plomo o Saturno ♄, Estaño o Júpiter ♃, Hierro o Marte ♂, Cobre o Venus ♀. Los dividían en metales perfectos, inalterables, que eran el Oro y la Plata, y en metales imperfectos, los cuales se convertían en cal (óxidos) en contacto con el Fuego o el Aire, y eran fácilmente atacables por los ácidos. «El elemento Fuego corrompe los metales imperfectos y los destruye. Estos metales son cinco. Los metales perfectos son inalterables en el Fuego» (Paracelso: *El cielo de los filósofos*).

Veamos cuál es la aplicación de la teoría hermética a los metales. Para empezar, los metales deben todos derivar de una misma fuente: la materia primera. Los filósofos herméticos son, por lo demás, unánimes sobre este punto. «Los metales son todos parecidos en su esencia, no difieren más que por su forma» (Alberto el Grande: *De Alchimia*). «No hay más que una sola materia prima de los metales, reviste diferentes formas según el grado de cocción, según la fuerza más o menos potente de un cierto agente natural» (Arnau de Vilanova: *El Camino del camino*). Dicho sea de paso, la teoría es absolutamente aplicable a los minerales: «No hay sino una materia para todos los metales y los minerales» (Basilio Valentín), o, de otra manera: «La naturaleza de las piedras es la misma que la de las otras cosas» (El Cosmopolita).

El pasaje de Alberto el Grande no puede ser más explícito: la materia una para todo lo que existe, diríamos hoy, se diferencia de ella misma por la forma, es decir que los átomos idénticos entre sí, agrupándose, adoptan diversas formas geométricas y de allí viene la diferenciación entre los cuerpos. En Química, la alotropía justifica perfectamente esta manera de ver.

De esto se deduce que el Azufre y el Mercurio, principios secundarios (por oposición a la Materia, principio primero) no representan más que un conjunto de cualidades: «Y así puedes ver claramente que Azufre no es una cosa aparte fuera de la substancia del Mercurio, y que no es Azufre vulgar. Pues si así fuera, la Materia de los metales no sería en modo alguno de una naturaleza homogénea, lo que está contra el decir de los filósofos» (Bernardo el Trevisano: *Libro de la filosofía natural de los metales*). En la misma obra, Bernardo el Trevisano volverá sobre este importante tema: «El Azufre no es para nada una cosa que sea dividida del Azogue, ni separada; sino que es solamente este calor y sequedad que no domina en nada a la frialdad y humedad del Mercurio, cuyo Azufre, después de digerido, domina las dos otras cualidades, es decir, frescura y humedad, e imprime allí sus virtudes. Y por estos diversos grados de decocción se hacen los diversos metales» *(Ídem)*. El Azufre, de naturaleza cálida, es activo; el Mercurio, de naturaleza fría, es pasivo. «Yo digo: hay dos naturalezas, una activa, otra, pasiva. Mi maestro me preguntó ¿cuáles son estas dos naturalezas? Y yo respondí: una es de la naturaleza de lo cálido, la otra de lo frío. ¿Cuál es la naturaleza de lo cálido? Lo cálido es activo y lo frío es pasivo» (Artefius: *Clavis majoris sapientæ*).

El Azufre o el Mercurio pueden dominar en la composición de los metales, en una palabra, ciertas cualidades pueden ser superiores a otras. En cuanto a la Sal, hemos ya explicado que este principio desconocido entre los primeros alquimistas no tuvo incluso más tarde sino una importancia restringida a pesar de los paracelsistas. La Sal o Arsénico no era sino el vínculo que unía los dos otros principios: «El Azufre, el Mercurio y el Arsénico son los principios componentes de los metales. El Azufre es el principio activo, el Mercurio, el principio pasivo, el Arsénico es el lazo que los une» (Roger Bacon: *Breve breviarium de dono dei*). Bacon atribuía él mismo tan poca importancia a la Sal que, en otra de sus obras, ni siquiera la menciona como principio componente. «Obsérvese, dice, que los principios de los metales son el Mercurio y el Azufre. Estos dos principios han dado nacimiento a todos los metales y a todos los minerales de los cuales existe sin embargo un gran número de especies diferentes» *(Espejo de Alquimia)*.

Por lo tanto, todos los metales están compuestos de Azufre y de Mercurio, ambos reductibles a la materia primera.

«Porque del Azufre son todos los metales
formados y Azogue que tienen
son dos espermas de los metales».

NICOLÁS FLAMEL: Sommaire

El Azufre es el padre (principio activo) de los metales, decían también los alquimistas, y el Mercurio (principio pasivo) es su madre.

«Mercurio es Azogue
y tiene todo el gobierno
se los siete metales, ya que es su madre».

JEHAN DE LA FONTAINE: La fuente de los enamorados de la ciencia

No nos ocuparemos más que del Azufre y del Mercurio, y de su papel en la génesis de los metales. Estos dos principios existen separados en el seno de la Tierra. El Azufre, bajo forma de un cuerpo sólido, fijo, untuoso; el Mercurio, bajo forma de vapor. «El Azufre es la grasa de la Tierra, espesada en las minas por una cocción moderada, hasta que se endurece, entonces constituye el Azufre» (Alberto el Grande: *De Alchimia*) Atraídos sin cesar el uno hacia el otro, los dos principios se combinan en diversas proporciones para formar metales y minerales. Pero hay aún otras circunstancias que marcan la calidad de los dos principios: el grado de cocción, la pureza, los accidentes varios. Los alquimistas admitían, en efecto, la existencia de un Fuego situado en las entrañas de la Tierra, mezcla de Azufre y Mercurio, más o menos cocido y digerido, cuyas propiedades variaban: «Se ha observado que la naturaleza de los metales, tal como la conocemos, es ser engendrada por el Azufre y el Mercurio. Únicamente la diferencia de cocción y de digestión produce la variedad en la especie metálica» (Alberto el Grande: *El compuesto de los compuestos*). Con respecto a la pureza, citaremos el pasaje siguiente: «Según la pureza o la impureza de los principios componentes, Azufre y Mercurio, se producen metales perfectos o imperfectos» (Rogelio Bacon: *Espejo de Alquimia*). Esto nos lleva a decir que los metales imperfectos nacen los primeros, así el hierro se transforma en cobre; después, perfeccionándose, el cobre se cambia en plomo, este último a su turno llega a ser estaño, Mercurio, después Plata y al fin Oro. Los metales recorren una especie de ciclo: «Hemos, en efecto, demostrado claramente en nuestro *Tratado de los minerales*, que la generación de los metales es circular: se pasa fácilmente del uno al otro siguiendo un círculo. Los metales vecinos tienen propiedades similares; ésta es la razón por la cual la Plata se cambia fácilmente en Oro» (Alberto el Grande: *El compuesto de los compuestos*). Glauber va más lejos, emite la opinión singular que los metales una vez llegados al estado de Oro recorren el ciclo en sentido inverso, volviéndose más y más imperfectos hasta el hierro, para remontar después en perfección y así indefinidamente. «Por la virtud y por la fuerza de los elementos, se engendran todos los días nuevos metales y por el contrario los viejos, se corrompen al mismo tiempo» (Glauber: *La Obra mineral*). La palabra elemento debe tomarse en el sentido de fuerza mineralizante.

El Oro, que es la perfección, es, pues, el objetivo constante de la naturaleza; por lo demás, un grado insuficiente de cocción o la impureza del Azufre y del Mercurio, diversos accidentes pueden poner trabas a su acción. «Digo, además, que la naturaleza tiene por objetivo y se esfuerza sin cesar por alcanzar la perfección, el Oro. Pero a raíz de accidentes, que ponen trabas a su marcha, nacen las variedades metálicas». (Roger Bacon: *Espejo de Alquimia*). Uno de esos accidentes sería que la mina donde se desarrollan los metales se abriera. «Por ejemplo, si una mina ha sido destripada, se podrían encontrar allí metales sin acabar, y dado que la apertura de la mina interrumpiría la acción de la naturaleza, estos metales permanecerían imperfectos y no se completarían nunca, y toda la semilla metálica contenida en esta mina perdería su fuerza y su virtud» (*Texto de Alquimia*). No podemos acabar este capítulo sin hablar de las influencias planetarias que intervienen en la génesis metálica. En la Edad Media se admitía una relación absoluta entre todo lo que tenía lugar sobre la Tierra y los planetas. «Nada se produce en la Tierra y en el Agua, que no sea sembrado en el cielo. La relación permanente entre estos dos grandes cuerpos podría ser representada por una pirámide cuya cúspide está apoyada sobre el Sol y la base sobre la Tierra» (Blaise de Vigenère: *Tratado del Fuego y de la Sal*). También, «Sabed pues, oh, hijo mío y el más querido de mis niños, que el Sol, la Luna, y las estrellas lanzan perpetuamente sus influencias al centro de la Tierra»

(Valois: *Obras manuscritas*). Ya hemos visto que los siete metales estaban consagrados a los siete planetas que les daban nacimiento. Se confundían planetas y metales bajo el mismo nombre y el mismo signo. Estas teorías se remontan al origen mismo de la Alquimia. Proclo, filósofo neoplatónico del siglo v de nuestra era, en su *Comentario sobre el Timeo de Platón*, expone que «el Oro natural, la Plata y cada uno de los metales como otras substancias, son engendrados en la Tierra bajo influencia de las divinidades celestes y de sus efluvios. El Sol produce el Oro; la Luna, la Plata; Saturno, el plomo, y Marte, el hierro» (Berthelot: *Introducción al estudio de la Química*). Se puede incluso remontar más atrás, entre los persas los metales eran también consagrados a los planetas, pero no correspondían a los mismos astros que en la Edad Media, de tal forma que el estaño estaba consagrado a Venus y el hierro, a Mercurio.

Los alquimistas reconocían, pues, de un modo unánime, la acción de los planetas sobre los metales. Paracelso va más lejos y especifica esta acción. Según él, cada metal debe su nacimiento al planeta del cual lleva el nombre, los seis otros planetas unidos a dos constelaciones zodiacales le dan diversas cualidades. Así «La Luna debe a ♈ ♋ ♂ su dureza y su sonoridad agradable. Debe a ♀ ♊ ♎ y su resistencia a la fusión y su maleabilidad. Y finalmente ♄ ♏ ♑, y le dan su densidad y un cuerpo homogéneo, etc.» (Paracelso: *El cielo de los filósofos*).

Resumiendo, metales y minerales, formados en la base de la materia primera, están compuestos de Azufre y de Mercurio. El grado de cocción, la pureza variable de los componentes, diversos accidentes, las influencias planetarias, causan las diferencias que separan a los metales los unos de los otros.

Capítulo IV

La alquimia mística – Teorías fantasiosas –
La cábala alquímica – Triple adaptación
de la teoría hermética – El santuario

La Alquimia, entre los griegos, estaba, en razón misma de su origen, mezclada con la Magia y a la Teúrgia. Más tarde, gracias a los filósofos árabes, esta ciencia se purificó y no es hasta los siglos xv y xvi cuando se alió de nuevo a las ciencias ocultas propiamente dichas.

Desde entonces, un gran número de alquimistas buscaron en la Cábala, la Magia y la Astrología la clave de la Gran Obra. Paracelso sólo admitía entre sus discípulos a personas entendidas en Astrología, como lo afirma él mismo: «Pero me es necesario volver a mi tema para satisfacer a mis discípulos, que favorezco gustoso cuando están provistos de luces naturales, cuando conocen la Astrología y sobre todo cuando son hábiles en la Filosofía que nos enseña a conocer la materia de todo» (Paracelso: *El tesoro de los tesoros*).

Mientras que sus antecesores o contemporáneos, Calid, Valois y Blaise de Vigenère, admitían simplemente la acción de los astros en la generación de los metales, Paracelso iba más lejos y pretendía calcular cuándo y cómo los planetas influían sobre los metales. Siguiendo esta doctrina, algunos alquimistas ligaban íntimamente a la Astrología con el hermetismo y no comenzaban jamás una operación sin haberse asegurado previamente que los planetas eran favorables.

Además, debemos a Paracelso haber introducido datos cabalísticos en la Alquimia. Condensó sus doctrinas ocultas en su *Tratado de Filosofía Oculta* y en sus *Archidoxias mágicas*.

Esto nos conduce a hablar de la Cábala. Esta ciencia consiste en descomponer las palabras, en sumar el valor numérico de las letras y en sacar todas las deducciones posibles según reglas especiales. Así, el número del Oro en hebreo es 209, es el ornamento del reino mineral, corresponde a Jehová en el mundo de los espíritus.

Hoeffer, en su *Historia de la Química*, dedicó algunas páginas a la Cábala aplicada a los metales. La Alquimia, ciencia de observación, no podía aprovechar para nada su alianza con la Cábala, ciencia puramente especulativa. La agregación de elementos extraños no debía sino volverla más oscura. Incluso Paracelso se equivocó a este respecto.

Antes que él B. Valentín había realizado algunos intentos en el mismo sentido, descompuso la palabra *Azoth* de la manera siguiente: «*Azoth*, comienzo y fin, porque es A y O, presente en todo lugar. Los filósofos me han ornado con el nombre de *Azoth*, los latinos A y Z, los griegos α y, los hebreos א y ת, todas las cuales significan y componen Azoth» *(El Mercurio de los filósofos)*.

Después de Paracelso no se encuentra apenas sino dos autores que hayan tratado especialmente de Cábala alquímica. Estos son Panteo, sacerdote veneciano y John Dee, alquimista y matemático inglés. Panteo escribió dos tratados, uno es el *Ars et theoria transmutationis metallicoe* y el otro *Voarchadumia*. Encontramos allí que el número de la generación es 544, el de la putrefacción 772, que el Mercurio, el Oro y la Plata corresponden a las letras hebraicas *jeth, he, vav,* y otras extravagancias semejantes. John Dee, en su tratado *La mónada jeroglífica*, intentó constituir una Cábala particular con ayuda de los símbolos alquímicos. Así, para él el símbolo del Mercurio ☿ representa la luna ☽, el Sol ☉ y los cuatro elementos ⊹. Además, el signo del Sol representa la mónada figurada por el punto alrededor del cual el círculo simboliza el mundo. Este curioso tratado se encuentra impreso en el segundo volumen del *Theatrum chimicum*.

Esos alquimistas y algunos otros como Khunrath, Maier o Blaise de Vigenère, introdujeron en la ciencia una interpretación nueva de la teoría alquímica. Mientras que las ciencias exactas y naturales proceden por inducción y deducción, las ciencias ocultas proceden por analogía; aplicaron el método de la analogía en la Alquimia. Así, decían: hay tres mundos, el material, el humano y el divino. En el mundo material tenemos el Mercurio, el Azufre y la Sal, principios de todas las cosas y una materia; en el mundo humano o microcosmos, el cuerpo, el espíritu y el alma reunidos en el hombre; en el mundo divino, tres personas en un solo Dios. «Así es Trinidad en unidad, y unidad en Trinidad, porque allí son cuerpo, espíritu y alma, allí están también Azufre, Mercurio y Arsénico» (Bernardo el Trevisano: *La palabra abandonada*). La Gran Obra tiene por consecuencia un triple objetivo en el mundo material: la transmutación de los metales para hacerlos llegar a Oro, a la perfección; en el microcosmos, el perfeccionamiento moral del hombre; en el mundo divino, la contemplación de la Divinidad en su esplendor. De acuerdo a la segunda acepción, el hombre es el atanor filosófico donde se completa la elaboración de las virtudes, es en este sentido según los místicos que es necesario entender estas palabras: «Porque la Obra está contigo y en ti, de manera que encontrándola en ti mismo, donde está continuamente, la tienes siempre contigo, en cualquier parte en al que esté, sobre la Tierra y en el mar» (Hermes: *Los siete capítulos*).

Los alquimistas místicos entendían por Azufre, Mercurio y Sal, la materia, el movimiento y la fuerza. El Mercurio, principio pasivo y femenino, es la materia; el Azufre, principio activo y masculino, es la fuerza, que moldea la materia y le da toda clase de formas por medio del movimiento, que es la Sal.

La Sal es el término medio, es el resultado de la aplicación de la fuerza a la materia, simbólicamente es el nuevo ser que nace de la unión del macho y de la hembra. Esta alta teoría no parece contradecir a la ciencia actual. La Química no rechaza la hipótesis de una materia única, hipótesis admitida desde largo tiempo por la metafísica como indispensable para la explicación del mundo. El sabio inglés Crookcs llama a esta materia única el Protilo; en su teoría, nuestros cuerpos simples actuales no son sino polímeros del Protilo. Por otra parte, es muy cierto que la materia no actúa, no tiene propiedades particulares sino cuando está en movimiento, todo movimiento supone calor, más allá de 273 grados por debajo de cero, o cero calórico absoluto, las propiedades químicas son nulas, el ácido sulfúrico se mantiene sin acción sobre la potasa cáustica; en fin, la unidad de la fuerza se impone también a los físicos. ¿Cuál es el sabio que hace hoy en día una diferencia entre la causa del magnetismo, del calor, de la electricidad, de la luz, del sonido? Los fluidos ya no existen, son reemplazados por fuerzas reductibles las unas a las otras, lo que diferencia la fuerza de ella misma a nuestros ojos es el número de vibraciones que imprime a tal o cual cuerpo, y aún no hay límite absoluto; un cuerpo vibrando o en movimiento, lo que es la misma cosa, produce al comienzo un sonido, que las vibraciones sean más numerosas y el cuerpo se calienta sensiblemente y pronto se producen fenómenos luminosos. ¿Dónde termina el sonido, dónde comienzan el calor y la luz? No hay intervalo. *Natura non facit saltus.*

Es necesario agregar que los alquimistas únicamente habían entreabierto esta elevada teoría; en su época, el estado de las ciencias no les permitía darle el desarrollo que nosotros le hemos dado. Para ellos, como hemos demostrado, la materia era única en principio; la llamaban Materia Primera o *Hylé*; reconocían también una fuerza universal. Balduino la llama Magnetismo Universal, Soplo Magnético. Para los místicos la fuerza es el soplo de Dios, principio primero de la vida, del movimiento. Únicamente Paracelso la llama *Archée*. *Archée* es la fuerza siempre activa que, aplicándose a la materia, la pone movimiento, le da una forma. Los términos *Ares* y *Clissus* tienen en Paracelso más o menos el mismo sentido.

En cuanto al movimiento, lo asimilaban al Fuego, que es en efecto la imagen más perfecta de la materia accionada por la fuerza.

Ésta era la alta teoría alquímica que pocos adeptos han poseído: que nadie se asombre de esta admirable síntesis; el razonamiento habría bastado aquí a los alquimistas como bastó antes a Pitágoras, a Demócrito y a Platón para elevarse a la concepción de las verdades más elevadas.

Los alquimistas representaban esta teoría por medio de un triángulo, símbolo del equilibrio absoluto, al primer ángulo daban el signo del Azufre, símbolo de la fuerza; al segundo, el signo del Mercurio, la materia; al tercero, el signo de la Sal, el movimiento.

Para concluir, he aquí la tabla analógica de la triple adaptación de la teoría alquímica.

Azufre	Macho	Fuerza	Causa
Mercurio	Hembra	Materia	Sujeto
Sal	Hijo	Movimiento	Efecto

Y para resumir toda la teoría: la materia, una en su esencia, se diferencia de ella misma por la forma, efecto del movimiento que le comunica la fuerza.

SEGUNDA PARTE

LOS SÍMBOLOS

Capítulo I

Por qué los tratados de alquimia son oscuros –
Medios empleados por los alquimistas
para disimular la Gran Obra – Signos –
Símbolos – Nombres mitológicos –
Palabras extrañas – Anagramas – Fábulas –
Enigmas – Alegorías – Criptografía

Los tratados alquímicos son oscuros para el lector, en primer lugar porque generalmente las teorías alquímicas no son conocidas; en segundo lugar, y sobre todo, porque filósofos las han vuelto oscuras voluntariamente. Los maestros observaban la Alquimia como la más preciosa de las ciencias. «¡La Alquimia es el arte de los artes, es la ciencia por excelencia!», exclama enfáticamente Calid en el *Libro de las tres palabras*. Una tal ciencia no debía, según ellos, ser conocida sino por un pequeño número. ¿Hay que censurarlos por haber querido reservarse exclusivamente para ellos la ciencia? Hoy en día nos parece excesivo, pero en la antigüedad en que estaban, no sólo los misterios, su trasmisión era bajo el sello del juramento, sea de algunos secretos naturales, sea de algunos puntos poco conocidos de Alta Filosofía. En la Edad Media, las corporaciones de oficios tenían secretos prácticos que ningún miembro se hubiera atrevido a divulgar. La preparación de ciertos colores constituía una herencia preciosa que los grandes pintores no legaban sino a sus discípulos más queridos. Los sabios no vacilaban en vender la solución de problemas embarazosos.

Aunque los filósofos herméticos ocultaban la ciencia, no la vendían: cuando encontraban a un hombre digno de ser iniciado, lo encaminaban en la senda correcta sin jamás revelarle todo. Era necesario que el discípulo trabajara a su vez para encontrar lo que le faltaba. En sus escritos procedían de este modo: uno indica la materia de la Gran Obra, otro el grado del Fuego, éste los colores que aparecían durante las operaciones, ése el dispositivo del atanor u horno filosófico; pero no hay ningún ejemplo conocido de tratado hermético que hable abiertamente a la vez de todas las partes de la Gran Obra. Los alquimistas habrían creído que actuando así se exponían a los castigos celestes ya que, según ellos, el que los revelara habría sido golpeado de muerte súbita. Nicolás Flamel escribió sobre *El libro de Abraham el judío*: «No representaré en modo alguno lo que está escrito en un bello y muy entendible latín en todas las otras hojas escritas, porque Dios me castigaría». *(Explicación de las Figuras de Nicolás Flamel)*.

En cuanto a lo que se ha dicho, que los alquimistas escribían de una manera oscura y simbólica para preservarse de las acusaciones que los teólogos demasiado celosos habrían podido levantar contra ellos, es algo que nos parece absolutamente falso, ya que nada prestaba más el flanco a la acusación de magia que los símbolos y figuras extrañas que saturan sus tratados. Roger Bacon, Alberto el Grande o Arnau de Vilanova no escaparon a la acusación de magia. Y sin embargo, los alquimistas eran muy piadosos. Encontramos a cada instante en sus escritos invocaciones a Dios, repartían su tiempo entre el estudio, el trabajo y la oración. ¡Algunos pretendían haber recibido de Dios mismo el secreto de la Piedra de los Filósofos!

Antes de explicar los símbolos relativos a cada una de las partes de la Gran Obra, vamos a indicar de manera general cuáles eran los medios empleados por los alquimistas para ocultar a los profanos la ciencia de la Piedra bendita.

En primer lugar, vienen los signos. Nacieron con la Alquimia. Los griegos fueron los primeros en emplearlos. Habiendo recibido su ciencia de Egipto, vemos que los signos alquímicos tienen su origen directo en los jeroglíficos. El signo del Agua empleado por los alquimistas no es otra cosa que el jeroglífico del Agua, y así algunos otros como los signos del Oro y de la Plata (Hoeffer: *Historia de la Química*, tomo I, y Berthelot: *Orígenes de la Alquimia*). Los símbolos alquímicos son muy numerosos en ciertos tratados (como el de Khunrath titulado *Confessis de chao physico chimicorum*) donde reemplazan todos los nombres de materias químicas y de operaciones, por lo cual es muy importante conocerlos. Con esta intención hemos hecho reproducir los principales signos alquímicos en la plancha adjunta.

Plancha II

Explicación de los caracteres químicos más comunes.

Los símbolos también se empleaban mucho, de este modo: unos pájaros elevándose figuraban la sublimación o un desprendimiento de vapores, y unos pájaros cayendo a tierra figuraban, por el contrario, la precipitación. El fénix era el símbolo de la Piedra perfecta, capaz de transmutar los metales en Oro y en Plata. El cuervo simbolizaba el color negro que toma al comienzo la materia de la Gran Obra cuando se la calienta. Un libro hermético singular, el *Liber Mutus* o *Libro sin Palabras*, no contiene ni una línea de texto y se compone simplemente de una continuidad de grabados que simbolizan el camino a seguir para realizar la Gran Obra.

Los nombres mitológicos eran muy honrados en la nomenclatura alquímica, Marte designa el hierro; Venus, el cobre; Apolo, el Oro; Diana, Hécate o La Luna, la Plata; Saturno, el plomo; el Vellocino de Oro es la Piedra Filosofal, y Baco, la Materia de la Piedra. Nos encontramos todavía ante una tradición greco-egipcia; en la Edad Media se utilizaba solamente o poco más que nombres mitológicos de los metales, pero a partir de finales del siglo XVI, su uso tomó una tal extensión que el benedictino Dom Joseph Pernety tuvo que escribir dos gruesos volúmenes *(Fábulas griegas y egipcias develadas)* para explicar su sentido y su origen.

A los nombres mitológicos vinieron a agregarse un gran número de palabras extranjeras hebreas, griegas y árabes. A causa del origen de la Alquimia, se debe forzadamente encontrar palabras griegas. He aquí algunas: *hylé*, materia prima; *hypocláptico*, vaso para separar los aceites esenciales; *hydroleum*, emulsión de aceite y de Agua; etc. Pero las palabras árabes son con mucho las más numerosas, algunas tales como: elixir, alcohol, álcali, bórax, han llegado hasta nosotros; otras caídas en el olvido se encuentran en los tratados herméticos: *alcani* es estaño; *alafar*, matraz; *alcahal*, vinagre; *almizadir*, bronce verde; *zimax*, vitriolo verde, etc. En cuanto a los nombres hebreos, sólo se encuentran en los tratados de los alquimistas cabalistas. Os dirigimos para todas estas palabras al *Diccionario mito-hermético* de Pernety y al *Lexicon chimicun* de Johnson.

Se comprende que sólo esta glosología especial debería bastar para apartar a los profanos, pero los alquimistas usaban todavía otros medios para ocultar la Gran Obra.

Así, muy a menudo, empleaban el anagrama. Al final del *Sueño Verde*, se encuentran varios anagramas y he aquí la explicación de dos de ellos: *Seganissegède* significa: Genio de los sabios,[1] y *Tripsarecopsena*: espíritu, cuerpo, alma.[2]

También procedían mediante enigmas. He aquí uno fácil de resolver: «Todo el mundo conoce la Piedra, y yo afirmo por el Dios vivo, todos pueden tener esta materia que he nombrado claramente en el libro: *vitrium*, según los ignorantes, pero es necesario agregarle L y O, el asunto es saber dónde hay que colocar estas letras» (Hélias: *Espejo de la Alquimia*). La palabra del enigma es vitriolo.[3] Un curioso enigma bastante conocido entre los alquimistas se encuentra en el tercer volumen del *Theatrum chimicum*, acompañado de un comentario de diez páginas de Nicolás Barnaud. Helo aquí: «Ælia Loelia Crispis es mi nombre. No soy ni hombre, ni mujer, ni hermafrodita, ni virgen, ni adolescente ni vieja. No soy ni prostituta, ni virtuosa, pero todo eso junto. No estoy muerta ni de hambre, ni por el hierro, ni por veneno, sino por todas estas cosas a la vez. No reposo ni en el cielo, ni sobre la Tierra, ni en el Agua, sino en todas partes. Lucius Agatho Priscius, que no era ni mi marido ni mi amante, ni mi esclavo, sin pena, sin alegría, sin llantos, me hizo elevar, sabiendo y no sabiendo para quién lo hacía, este monumento que no es ni una pirámide, ni un sepulcro,

---

1. El anagrama se forma a partir de la expresión francesa *Génie des sages*.

2. El anagrama se forma a partir de las voces francesas *esprit, corps* y *âme*.

3. La resolución del enigma adquiere sentido a partir de la voz francesa *vitriol*.

sino los dos. Ésta es una tumba que no encierra cadáver; es un cadáver que no está encerrado en un sepulcro. El cadáver y el sepulcro no son sino uno». Barnauld establece en su comentario que se trata de la Piedra de los filósofos. Otro enigma no menos famoso, tomado de los alquimistas griegos, es el siguiente: «Tengo nueve letras y cuatro sílabas, recuérdame – Las tres primeras tienen cada una dos letras – Las otras tienen el resto, hay cinco consonantes – Conóceme y tendrás la sabiduría». La palabra del enigma es, parece ser, »Arsenikon».

Otro tipo de enigma, el acróstico, consistía en presentar una fórmula donde reuniendo las primeras letras de cada palabra, se formaba una nueva palabra que el filósofo hermético no quería revelar directamente.

Hemos hecho representar dos de estas fórmulas; la primera, extraída de las obras de Basilio Valentín, da la palabra vitriol: *Visita Interiora Terræ, Rectificando invenies Occultum Lapidem.*[4] La otra, significa *Sulphur Fixum*, y agrega como complemento: *Sol est.* Está sacada del tomo segundo del *Mundus subterraneus* del padre Kircher.

Todos los medios que hemos enumerado no ocultaban sino palabras; vamos a ver ahora cómo los alquimistas velaban las ideas.

En el primer rango se encuentran las fábulas sacadas de la mitología griega o latina, incluso egipcia. Se las encuentra apenas en los alquimistas posteriores al Renacimiento. No solamente se utilizaban mitos para velar la Gran Obra, sino admitiendo el recíproco, se esforzaron en probar que Homero, Virgilio, Hesíodo u Ovidio habían sido adeptos y habían enseñado la práctica de la Piedra en sus obras. Esta opinión extravagante es hermana de aquella que concedía a Adán el conoci-

---

4. En español: «Visita el interior de la tierra y, rectificando, encontrarás la piedra oculta».

miento de la Piedra. Pernety, en sus *Fábulas griegas y egipcias,* no vacila en dar la explicación hermética de la *Ilíada* y de la *Odisea.* Ninguna fábula escapó a su furor de explicar. Su obra es, por demás, curiosa, pero su lectura prolongada resulta indigesta. Digamos para excusar a Pernety que había sido precedido por Libois (*Enciclopedia de los dioses y de los héroes salidos de los cuatro elementos y de su Quintaesencia, siguiendo la ciencia hermética,* 2 vol.).

Los alquimistas siempre emplearon la alegoría. El griego Zósimo nos ha dejado una bastante típica, informada por Hoeffer en su *Historia de la Química.* He aquí una más moderna donde se encuentran indicados los colores de la materia durante la Gran Obra: negro, gris, blanco, amarillo, rojo. «Ahora bien, como iba a hacer un viaje, me encontré entre dos montañas, donde admiraba un hombre de esos lugares, serio y modesto en su apariencia, vestido de un manto gris, sobre su sombrero un cordón negro, alrededor de él una faja blanca, ceñido de una correa amarilla y calzado con botas rojas» (*La cassette du petit paysan,* por Ph… Vr)… La alegoría prosigue así varias páginas. Se encontrará varias alegorías curiosas, notablemente la alegoría de Merlín, informada sea en Hoeffer, sea en *La Alquimia y los alquimistas* de Figuier. Estos dos autores dan explicaciones bastante divertidas, especialmente Hoeffer, ¡que ven en la alegoría de Merlín la indicación del análisis químico por la vía seca y por la vía húmeda!

No nos queda más que hablar de la criptografía, es decir del arte de escribir secretamente empleando signos desconocidos o apartados de su significado primitivo. Los alquimistas empleaban alfabetos, compuestos de signos herméticos ⚹ a, ♃ b, ♒ c, △ d, ♑ e, ⚹ f, o de letras entremezcladas con cifras, así Mercurio se escribía 729C592, y bórax B491X. Tritemo, en su *Polygraphia,* cita algunos alfabetos herméticos compuestos de signos particulares.

Otras veces los alquimistas escribían al revés: *Zenerp al erei-tam eu suov zevas*, es decir: *prenez la matière que vous savez* (tomad la materia que sabéis). O bien agregaban a los cuerpos de las palabras letras inútiles: «*l'azoth des philosophes est leur mercure*» («El Azogue de los filósofos es su Mercurio») se convertía en «*M. l'azothi adoespuphiloqsophesa lesati pleururi imeracuret*». Otros, por el contrario, suprimían letras, Paracelso trunca así: «*Aroma philosophorum*» se convierte en: «*Aroph*».

D'Autremont en el *Tombeau de pauvreté* va más lejos, reemplaza partes de frases enteras por palabras forjadas a su gusto, así: «La quinta cualidad es la pureza y transparencia de nuestra Sal a fin de que penetre mejor, y eso se adquiere *ongra neligilluk eude firseigli*, como diremos después». Afortunadamente, al final del volumen se encuentra una clave o traducción de estos términos barrocos; los que acabamos de citar significan: «*par la filtration après la résolution en vinaigre distillé*» («por la filtración después de la solución en vinagre destilado»).

A Ramon Llull le gustaba un tipo particular de criptografía. Designa las operaciones principales, los productos, los aparatos, por simples letras del alfabeto. Así, en su *Compendium ammoe transmutationis* podemos leer: «Ve, oh hijo mío, si tomas F y lo pones en C y lo metes todo en H tendrás la primera figura FCH, etc.». F significa los metales; C, un Agua ácida que disuelve los metales, y H, el Fuego del primer grado.

Cada alquimista podía emplear medios particulares de criptografía, pero un estudio detallado sería inútil y nos llevaría demasiado lejos. De allí que nos baste con haber hablado de los más comunes.

Plancha III

Figura I (Tomada de *El Azogue de los filósofos* de B. Valentín).

Reuniendo las primeras letras de cada palabra obtenemos *VITRIOL*: *Visita Interiora Terræ, Rectificando Invenies Occultum Lapidem*. Se ven en ella también los signos de los siete metales y el águila, símbolo de lo volátil y el león, símbolo de lo fijo.

Figura II (Tomada del *Mundus subterraneus* del padre Kircher).

Para las 2 primeras frases concéntricas, el procedimiento de lectura es el mismo que en la figura anterior, se encuentra: *Sulphur Fixum*. Para la tercera frase: *Ergo Sic Tuos Lege Omnes Sophos*, es necesario dividir la frase en dos partes, la primera da *Est*, la segunda leída comenzando por *Sophos*, da *Sol*. Lo cual quiere decir: «El Azufre fijo es el Sol». Es decir, el Azufre o principio fijo es sinónimo de Sol u Oro (*véase* Capítulo III). Para estas dos figuras *véase* Capítulo I.

N.B.- Todas las figuras se refieren a la segunda parte de esta obra: *Los Símbolos*. Se remitirá, pues, a las anotaciones de los capítulos de esta segunda parte.

Plancha IV

Figura I (Tomada del *Liber singularis* de Barchusen).

El alquimista, en oración en su laboratorio, suplica a Dios antes de comenzar la Gran Obra, que le allane las dificultades y que le dé la inteligencia de las obras de los filósofos (*véase* Capítulo I).

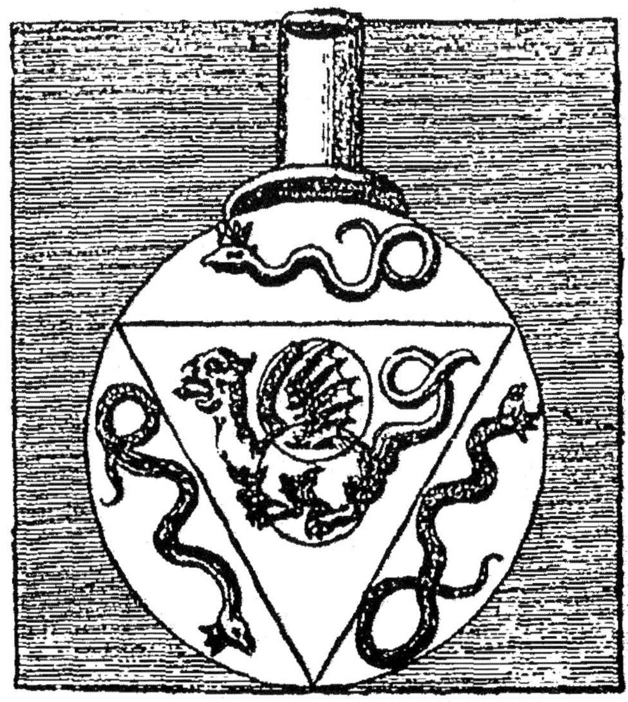

Figura II (Extraída de *Las doce claves de la sabiduría* de B. Valentín).

El dragón simboliza la Materia Prima. Dos pequeños círculos los rodean, uno en sus alas, para indicar lo volátil, el otro sus patas para indicar lo fijo. Las tres serpientes y el triángulo representan a los tres principios; el todo está encerrado en el Huevo de los Filósofos (*véase* Capítulo II).

Capítulo II

Símbolos de la teoría alquímica – La materia –
Los tres principios, los cuatro elementos,
los siete metales y sus símbolos

Se llama pantáculos a figuras simbólicas compuestas por elementos varios y que resumen toda una teoría. Un pantáculo permite comprender de un único vistazo y graba más fácilmente en la memoria lo que sería difícil retener de otra manera. Es una fórmula breve y concisa que se puede desarrollar a voluntad. Los pantáculos abundan en los tratados de Alquimia. Las obras de Basilio Valentín: *Las doce claves* y *El Mercurio de los filósofos*, principalmente, contienen un gran número de ellos, lo mismo el *Amphitreatrum sapientiæ æternæ* de Khunrath. Los *Elementa chimicæ* de Barchusen, a los que siguen un *Tratado de la Piedra Filosofal* donde el desarrollo de las operaciones es expuesto en setenta y ocho pantáculos. Las cuatro grandes figuras del *Janitor Pansophus* resumen toda la filosofía hermética.

Vamos a examinar en este capítulo los símbolos o pantáculos con los que resumían sus teorías los alquimistas.

Los griegos figuraban la Materia Primera por una serpiente que se muerde la cola. Es la serpiente Uróboros de los gnósticos. En el centro del círculo que formaba escribían la fórmula: εν το παν (uno el Todo). Esta figura se encuentra en la *Crisopea de Cleopatra* (Berthelot: *Orígenes de la Alquimia*). Más adelante, la unidad de la materia fue siempre figurada de este modo:

un dragón o una serpiente que se muerde la cola. A veces, se contentaban con formular esta ley mediante un simple círculo.

Los tres principios tenían signos especiales, excepto el Mercurio cuyo signo designaba también el Azogue ordinario. El Azufre de los filósofos era figurado por un triángulo suscrito por tres flechas o por una cruz. La Sal, por un círculo atravesado por una línea. El Mercurio, por un círculo coronado por el creciente lunar y suscrito por una cruz.

Los tres principios aparecen simbolizados en las figuras de Lambsprinck por tres personajes: el Padre, el Hijo y el Espíritu Santo. Se los representaba también con tres serpientes, o por una serpiente de tres cabezas para indicar que no tenían sino una sola raíz: la Materia. Se los comparaba gustosos con la santísima Trinidad, tres personas en un solo Dios, tres principios en una sola materia. Hemos ya visto que la mayor parte del tiempo los principios eran reducidos a dos: Azufre y Mercurio. Se les figuraba entonces por dos serpientes que formaban un círculo, una alada para indicar el Mercurio, hembra y volátil; otra, sin alas para el Azufre, macho y fijo.

Los cuatro elementos tenían por signo: el Aire, un triángulo con punta hacia arriba, atravesado por una línea paralela a su base; el Agua, tomada en el sentido de elemento, un triángulo con la punta hacia abajo; el Fuego, un triángulo con la punta hacia arriba; la Tierra, un triángulo con la punta hacia abajo atravesado por una línea paralela a la base. El pantáculo que resume los signos de los cuatro elementos es la estrella de seis puntas.

Nos encontramos con estos signos correspondientes a los cuatro elementos en una figura del *Vialorium spagyricum*. Los elementos también se simbolizaban así: el Aire, por un ave; el Agua, por un navío, un pez o una vasta extensión de Agua; el Fuego, por una salamandra, un dragón que vomitaba llamas, una antorcha encendida; la Tierra, por una montaña, un león rey de los animales terrestres o un hombre. Es así como aparecen representados en el encabezado del *Gloria mundi* impreso en el *Museum hermeticum*. El árbol que ocupa el centro de la figura representa el Oro, la Plata y los cinco otros metales. En cuanto a las siete figuras más pequeñas encerradas en círculos, simbolizan diversas operaciones de la Gran Obra (*véanse* Capítulos VI y VII). Por último, el cuadrado era el pantáculo sintético de los cuatro elementos.

Ya hemos hablado de los signos de los siete metales; digamos únicamente a propósito del signo del Mercurio que los algunos han visto en él la representación del caduceo, y otros, un dios egipcio con cabeza de ibis coronada por un disco solar y de cuernos, símbolos de fertilidad. Los alquimistas representan a menudo los metales bajo el aspecto de dioses del Olimpo. Saturno armado de su guadaña es el Plomo; Marte, con el casco en la cabeza y la lanza en el puño, es el Hierro; Mercurio, con su caduceo, sus alas en los talones y en la cabeza, es el Azogue, etc. Esto es lo que representa la figura tomada del *Viatorium spagyricum*. Un grabado sobre madera de la *Pretiosa margarita* nos muestra los metales bajo forma de seis jóvenes de rodillas a los pies de un rey sobre su trono, quien es el séptimo metal, el más perfecto, el Oro. El texto nos enseña que solicitan al rey un reino para cada uno de ellos. Después de diversos episodios, que simbolizan la Gran Obra, el rey les concede lo que piden, y una última figura los representa coronados, reyes a su turno, es decir, transformados en Oro, pero esto se refiere más bien al simbolismo de la Gran Obra, que abordaremos completamente en los capítulos siguientes.

Plancha V

Esta figura se encuentra en el encabezado del *Gloria mundi* en el *Museum hermeticum*. En primer lugar, el Iniciador y el Iniciado, el anciano y el joven. Luego, la Materia Universal simbolizada por el árbol metálico que acarrea los siete metales, el Oro y la Plata con sus símbolos corrientes, los otros metales simplemente figurados por estrellas. Se ve allí también los elementos: la Tierra simbolizada por el hombre y el león; el Fuego simbolizado por el dragón; el Agua, por el mar, el delfín y la mujer, y el Aire, por el pájaro colocado cerca de la mujer. Las siete figuritas accesorias tienen relación con las operaciones y los colores. El cuervo y el cráneo: negro, mortificación; los dos cuervos: destilación; los tres cuervos: sublimación; los dos pájaros, la corona: color blanco, fin del pequeño magisterio; los dos pájaros y el árbol: régimen de Marte, los colores del arcoíris; el unicornio y el rosal, color rojo. Por último, el niño que nace indica el fin de la Obra, es el símbolo de la Piedra Perfecta (*véanse* Capítulos II, VI y VII).

Capítulo III

Teoría general de la Gran Obra – La materia
de la gran obra – Azufre y mercurio –
Sus símbolos – Los dragones de Flamel –
Lista de sinónimos herméticos del azufre
y del mercurio

La Gran Obra o preparación de la Piedra Filosofal era, como ya lo hemos dicho, el principal objetivo de los alquimistas. Sus tratados generalmente no giran sino sobre este único asunto, y también en los capítulos que van seguir hablaremos exclusivamente de la Gran Obra. Pero antes de dar la clave de los símbolos herméticos, vamos a exponer en pocas palabras el proceder que seguían los alquimistas para la preparación de la Piedra Filosofal, y más tarde retomaremos cada parte por separado.

La materia de la Gran Obra era el Oro y la Plata, unidos al Mercurio y preparados de una manera especial. El Oro era tomado como rico en Azufre, la Plata como conteniendo un Mercurio muy puro, en cuanto al Azogue representaba la Sal, término medio de unión. Estos tres cuerpos, preparados según ciertos procedimientos, eran encerrados en un matraz de vidrio, el huevo filosófico, cerrado con cuidado. El todo era calentado en un horno denominado atanor. Cuando el Fuego se había encendido, la Gran Obra propiamente dicha comenzaba; se producían diferentes fenómenos: cristalizaciones, desprendimiento de vapores que enseguida se condensaban, etc. Aquello constituía las operaciones. En el transcurso de dichas operaciones, la materia tomaba diversas coloraciones, que se denominaban los colores de la Obra. Al final, el color rojo anunciaba el fin de la Obra. Se tomaba la materia, se le comunicaba una mayor potencia de transmutación con ayuda de una operación llamada fermentación y finalmente, se obtenía la Piedra Filosofal.

Vamos a examinar la composición teórica de la materia de la Gran Obra. Según la teoría alquímica, era racional que la Materia de la Piedra de los filósofos estuviera compuesta de Azufre, de Mercurio y de Sal. Estos tres principios, tomados en el estado de pureza absoluta, unidos y cocidos según las reglas del Arte debían componer un nuevo cuerpo, que sin ser un metal por sí mismo podía comunicar la perfección metálica al Azogue, al plomo, al estaño.

Los alquimistas, al hablar de la Materia de la Piedra, la visualizaban tanto como una, al referirse a su composición invariable, tanto como triple, al referirse a los principios que la formaban, tanto la llamaban cuádruple, reemplazando los principios por los elementos. «Es así como nuestro magisterio es sacado de uno, se hace con uno, y se compone de cuatro y tres son en uno» (Arnau de Vilanova: *El Camino del camino*). Uno, es la Materia de la Piedra considerada en su conjunto, es también la materia única universal. Cuatro: los cuatro elementos. Tres: Azufre, Mercurio y Sal. Los cuatro elementos son reductibles a los tres principios, lo que se deduce de otro pasaje de Arnau de Vilanova: «existe una Piedra compuesta de cuatro naturalezas: el Fuego, el Aire, el Agua y la Tierra. El Mercurio es el elemento húmedo de la Piedra, el otro elemento es la Magnesia, que no se encuentra vulgarmente». *(Carta al rey de Nápoles)*. El Mercurio frío y húmedo representa el Agua y el Aire, la Magnesia o Azufre, representa el Fuego y la Tierra, lo cálido y lo seco. Esto explica lo que decían enigmáticamente los filósofos, que la Materia de la Piedra tiene tres ángulos en su substancia (los tres principios), cuatro ángulos en su virtud (los elementos), dos ángulos en su materia (fijo y volátil) y un ángulo en su raíz (la Materia Universal). Cabalísticamente, el número de la materia es 10, pues al traducir a cifras este párrafo encontramos 1 + 2 + 3 + 4 = 10.

Decían también que la materia es vegetal, animal y mineral. Vegetal porque tiene un espíritu, mineral porque tiene un cuerpo y animal porque tiene un alma; encontramos de nuevo aquí la trilogía Azufre, Mercurio, Sal: «Esta Sal, este Azufre, este Mercurio, que son el cuerpo, el espíritu y el alma, salen los tres del caos donde estaban en confusión o más bien del mar de los filósofos» (*Psautier d'Hermophile*). Este mar de los filósofos, este caos, designa la unidad de la materia. Este lenguaje simbólico ha arruinado a bastantes sopladores, pues en lugar de trabajar sobre los metales y tomando las palabras de los filósofos al pie de la letra, pasaban su vida destilando plantas, orines, excrementos, cabellos, leche, esperando encontrar al fin la Materia de la Piedra de los sabios.

Un triángulo o un cuadrado simbolizaban la Materia de la Piedra, según se la concibiera como formada de principios o de elementos. A veces, este triángulo estaba encerrado en un cuadrado, tal es el símbolo que se encuentra en portada de este volumen. Ha sido obtenido del tratado titulado *La Gran Obra develada en favor de los hijos de la luz* [5]. La materia presentaba, pues, la misma composición que los metales: «Examina, pues, con atención de qué está formado el metal. En verdad te digo que en eso consiste toda la obra de los sabios» (*Texto de Alquimia*).

____

5. Hay traducción española, Ediciones Obelisco. Rubí 2021.

Pero, así como hemos visto, un gran número de filósofos han pasado por alto la Sal como tercer principio de los metales y sólo se han ocupado del Azufre y del Mercurio, dando a la mezcla del Azufre y del Mercurio, preparados por la Obra, el nombre de Rebis. Philippe Rouillac da a esta palabra la etimología siguiente: «He aquí por qué los filósofos han llamado a la materia su bendita Piedra: Rebis, que es un término latino formado de *Res* y de *Bis*, que es tanto como decir una cosa doble queriendo inducirnos a buscar dos cosas, que no son dos, sino una sola cosa, que llamaron Azufre y Mercurio» (*Compendio de la Gran Obra* por Ph. Rouillac, franciscano).

El Azufre y el Mercurio, principios macho y hembra, eran simbolizados por un hombre y una mujer, generalmente un rey y una reina. Es así como son representados en el *Gran Rosario* impreso en el tomo II del *Artis Aureferoe*. También bajo el símbolo del rey y la reina que están representados en el primer símbolo de las *Doce claves* de Basilio Valentín, del *Museum hermeticum*.

La unión del rey y de la reina constituía el matrimonio filosófico. «Estés advertido, hijo mío, que nuestra obra es un matrimonio filosófico que debe componerse de macho y hembra» (Ph. Rouillac: *Compendio de la Gran Obra*). Es, estrictamente hablando, según este casamiento o unión que la materia tomaba el nombre de Rebis; se simbolizaba a Rebis por un cuerpo humano con dos cabezas encima, una de hombre, una de mujer. Este hermafrodita químico es común en los tratados herméticos. Se le encuentra especialmente en la portada de: *De Alchimia opuscula complura*, también en el *Viatorium spagyricum* en la traducción alemana del *Crede Mihi* de Norton, etc.

En los tratados herméticos manuscritos, el rey está vestido de rojo, y la reina, de blanco, pues el Azufre es rojo y el Mercurio blanco. «Se trata de nuestro Mercurio doble, esta materia blanca por fuera, roja por dentro» (*Texto de Alquimia*).

Se figuraba también al Azufre y el Mercurio por los signos del Oro y de la Plata, lo que indicaba que el Azufre debe ser sacado del Oro y el Mercurio, de la Plata. Se encuentra los signos del Oro y la Plata correspondiendo con los del Azufre y el Mercurio en uno de los pantáculos del *Liber singularis de Alchimia* de Barchusen. Desarrollaremos este punto en el capítulo siguiente.

Al ser el Azufre fijo en su esencia y el Mercurio, volátil, los alquimistas representaban el Azufre por el león, rey de los animales terrestres, y el Mercurio, por el águila, rey de las aves: «El Mercurio de los filósofos es la parte volátil de su materia: el león es la parte fija, el águila la parte volátil. Los filósofos no hablan sino de los combates entre estos dos animales» (Pernety: *Fábulas egipcias*). Por consiguiente, un águila que devora a un león significará la volatilización de lo fijo; inversamente, un león que derriba un águila significará la fijación del Mercurio por el Azufre. Por cierto, la palabra águila tiene en Filaleteo un significado diferente del que acabamos de dar, es para él símbolo de la sublimación en tanto que operación, así, siete águilas significan siete sublimaciones (ver: *La entrada abierta al palacio cerrado del rey*).

También se utilizaba en el mismo sentido el símbolo de dos serpientes, una de las cuales es alada y la otra sin alas; la serpiente alada es el principio volátil, el Mercurio; el principio fijo, Azufre, está representado por la serpiente sin alas. «El secreto animal es representado por un círculo formado por dos serpientes, la una alada, la otra sin alas, que significan los dos espíritus, fijo y volátil, unidos juntos». (Lebreton; *Claves de la filosofía espagírica*). Las dos serpientes están unidas, como en el caduceo de Hermes, o separadas.

En las figuras de Abraham el Judío se encuentra representada una serpiente clavada sobre una cruz, lo que alquímicamente significa que lo volátil ha de ser fijado.

Los dragones tienen absolutamente el mismo significado que las serpientes. El dragón sin alas que se encuentra en las figuras de Abraham el Judío y de Nicolás Flamel es el Azufre macho y fijo, el dragón alado, es el Mercurio, volátil y hembra. «Considerad estos dos dragones, pues son los verdaderos principios de la filosofía de los sabios… El que está debajo sin alas, es el fijo o el macho, el que está encima, es el volátil o bien la hembra negra y oscura que va a tomar el dominio durante varios meses. El primero es llamado Azufre o bien calidez y sequedad, y el segundo, Azogue, o frigidez y humedad. Son el Sol y la Luna de fuente mercurial y origen sulfuroso» (*El libro de Nicolás Flamel*). Los dragones de Flamel eran célebres entre los alquimistas, que los citaban a menudo: «Flamel quiere que sean dos dragones, uno de los cuales tiene alas y el otro, no. Los explica él mismo, uno es macho, el otro hembra; el uno es el fijo, el otro, el volátil; el uno, el Azufre y el otro, el Mercurio, que no son el Azufre y el Mercurio vulgares, sino los de los filósofos» (*Hilo de Ariadna*).

Un solo dragón puede representar los tres principios, pero entonces tendrá tres cabezas: «El vellocino de Oro es vigilado por un dragón de tres cabezas, la primera es el Agua, la segunda es la Tierra, la tercera es el Aire. Estas tres cabezas deben reunirse en una sola que será lo bastante fuerte y lo bastante potente como para devorar a todos los otros dragones» (D'Espagnet: *Arcanos de la filosofía de Hermes*).

El Agua es el Mercurio, la Tierra, es el Azufre y el Aire es la Sal.

Tres serpientes en un cáliz, indican a los tres cuerpos que componen la Materia de la Piedra, colocados en el huevo filosófico; este símbolo que acompaña generalmente al hermafrodita químico. ¿Por qué los alquimistas figuraban al Azufre y al Mercurio por medio de dragones? Flamel va a respondernos: «La causa que te pinte estos dos espermas en forma de dragones es porque su pestilencia es tan grande como la de los dragones» (*El libro de Flamel*).

Hemos hablado de los principales símbolos del Azufre y del Mercurio, existe una infinidad de otros que se comprenderá fácilmente si se recuerda esta regla: «Al ser el Azufre fijo y macho, el Mercurio volátil y hembra, se les representará sea por cosas naturalmente contrarias (fijo y volátil) sea por animales de sexo diferente (macho y hembra). En las figuras de Lambsprinck se les encuentra bajo forma de dos peces, después de un león y de una leona y de un ciervo y un unicornio, y finalmente de dos águilas. El símbolo más empleado es el de dos perros, el Azufre era llamado perro de Jorasán y el Mercurio, perra de Armenia: «Hijo mío, toma el mastín de la montaña de Jorasán y la perra de Armenia, ponlos juntos y engendrarán» (Calid: *Secretos de Alquimia*).

El Azufre y el Mercurio tenían un gran número de sinónimos, de allí que sea indispensable conocer los principales.

Sinónimos del Azufre: goma, aceite, sol, fijeza, piedra roja, coágulo, azafrán, opio, latón rojo, seco, tintura, Fuego, espíritu, agente, sangre, hombre rojo, Tierra viva, Gabricius, rey, esposo, dragón sin alas, serpiente macho, león, perro del Jorasán, bronce, calcinado, Oro filosófico, etc.

Sinónimos del Mercurio: principio hembra, blanco, Beïa, Luna, Plata, Oro blanco, Oro crudo, Azogue, Agua, leche, cobertura blanca, maná blanco, frío, humedad, cuerpo, matriz, mujer blanca, hábito cambiante, volátil, paciente, leche virginal, plomo blanco, vidrio, flor blanca, flor de sal, corteza, velo, veneno, alumbre, vitriolo, Aire, arcoíris, nube, etc.

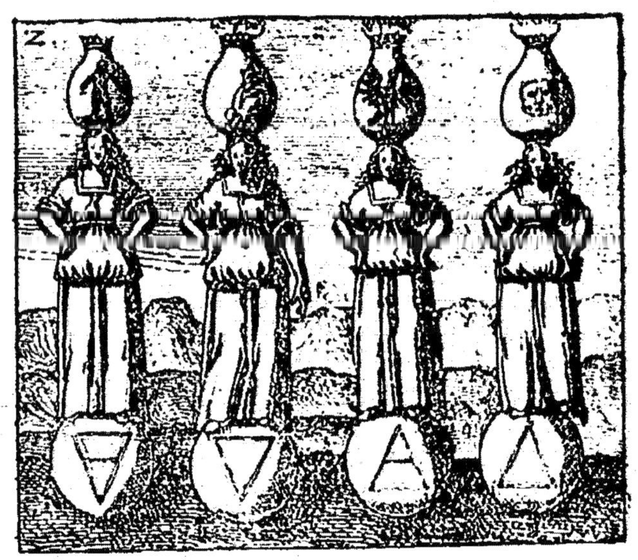

Plancha VI

Figura I (Tomada del *Viatorum spagyiricum* de Jamshler)

Para los símbolos de los cuatro elementos, dirigirse a la plancha II, que dará el significado de los triángulos, signos de los elementos (*véase* Capítulo II).

Figura II (tomada del *Azogue de los filósofos*, impreso en el tomo II de la *Biblioteca chimica mangeli*).

Los signos de los siete metales. En medio, Rebis, el hermafrodita químico, hombre y mujer, fijo y volátil, Azufre y Mercurio. El globo alado, símbolo de la materia, puesta en movimiento por la fuerza, el arqueo. El dragón, símbolo de la unidad de la materia. El triángulo: los tres principios. El cuadrado y la cruz, los cuatro elementos (*véanse* Capítulos II, III y IV).

Plancha VII

Figura I (Tomada del *Viatorium spagyricum*).

Los siete metales simbolizados por las divinidades del Olimpo pagano: Apolo, Diana, Júpiter, Saturno, Mercurio, Marte, Venus (*véase* Capítulo II).

Figura II (Tomada de la *Margarita pretiosa*).

El rey representa el Oro, los niños arrodillados a sus pies representan los seis otros metales. Imploran al Oro para que les comunique su perfección (*véase* Capítulo II).

Plancha VIII

Figura I (Tomada de una edición alemana del *Crede mihi* de Norton).

Rebis, hermafrodita químico, Azufre y Mercurio, acostado en un jardín rodeado de muros que simbolizan el triple vaso: atanor, baño de arena, huevo filosófico, Mercurio tienen el mismo significado, colocados cerca de Rebis indica que el hermafrodita es el Mercurio de los filósofos tomado en el sentido de materia de la Gran Obra (*véanse* Capítulos III y IV).

Figura II (Tomada del *Viatorium spagyricum*).

Nos volvemos a encontrar con *Rebis*. El cuervo símbolo de lo negro, quiere decir que el matrimonio filosófico, la unión del Azufre y el Mercurio, del macho y de la hembra, tienen lugar durante el color negro. Las tres serpientes, símbolos de los tres principios. El creciente y el árbol lunar significan que se trata aquí de la Piedra Blanca, del pequeño magisterio (*véanse* Capítulos II, III y IV).

Capítulo IV

Práctica de la materia o Gran Obra – Las dos vías
–
El oro y la plata – Su purificación – La fuente
de los filósofos – Baño del rey y de la reina –
Disolución del oro y de la plata – El pequeño
magisterio y la Gran Obra.

En el capítulo anterior hemos visto que los alquimistas tomaban el Azufre, el Mercurio y la Sal extraídos de los metales como Materia de la Piedra. Pero aquí podían emplear varios métodos, todos los cuales conducían al mismo objetivo, de este modo ciertos alquimistas pretendían sacar la materia del estaño, del plomo, del vitriolo. Volveremos sobre este punto.

En cuanto al desarrollo general de la Gran Obra, los maestros más ilustres del hermetismo no reconocen sino uno solo: «No hay sino una Piedra, una sola manera de operar, un solo Fuego, una sola manera de cocer, para llegar al blanco y al rojo, y todo se ejecuta en un solo vaso» (Avicena: *Declaratio lapidis physici*). Sin embargo, a partir del siglo XVII, los alquimistas distinguen dos vías, la húmeda y la seca. «Llaman vía húmeda a la operación siguiente, el Azufre y el Mercurio de los filósofos son cocidos a Fuego moderado en un vaso cerrado hasta que la materia se vuelve negra, se aumenta el Fuego y llega a ponerse blanca, y finalmente un Fuego más violento la tiñe de rojo…;

la vía seca consiste en tomar la Sal celeste, que es el Mercurio de los filósofos, mezclarlo con un cuerpo metálico terrestre y meterlo en un crisol, a Fuego directo, durante cuatro días y la obra está ejecutada. Es así como operaba el artista del que Helvetius menciona en su *Becerro de oro* (Barchusen: *Liber singularis de Alchimia*).

Pero esta vía seca fue poco apreciada y no conocemos ningún tratado especial sobre este tema; así que nos ocuparemos únicamente de la vía húmeda universalmente reconocida por los adeptos de todos los países y de todos los siglos.

El Azufre, el Mercurio y la Sal constituyen la Materia de la Piedra, pero todos los cuerpos encierran estos tres principios. ¿De dónde extraerlos más concretamente? Es aquí donde erraban los sopladores, que tomaban al pie de la letra las palabras de los filósofos, y no sabían distinguir el hecho de su símbolo. El Azufre es llamado flor roja, la Materia de la Piedra es incluso denominada vegetal, árbol metálico, así los sopladores se apresuraban a amontonar hierbas, recoger jugos, destilar flores; por lo demás se llamaba a la Materia de la Piedra, sangre, menstruos, cabellos, perro, águila, etc.; se dice también que la materia es una cosa vil, que se la encuentra por todas partes; ¡cuántos errores ha causado esto! Por regla general, los desdichados sopladores se asombraban de no haber tenido éxito y lo criticaban todo, salvo su ignorancia y su inepcia; hacían así desfilar en sus alambiques los productos los más variados y extraños. «Hice acumular humores, expectoraciones, orina, materia fecal, una libra de cada una, que hice mezclar juntas, y meter en un alambique para sacar la esencia, la cual siendo toda extraída, hice una Sal, que probé en transmutación de los metales, pero en vano, no tuve éxito» (De la Martinière: *La Química desconocida, o la Impostura de la Piedra Filosofal*).

Los filósofos herméticos son unánimes al decir que la materia debe ser buscada en los metales; pues el objetivo de la Gran

Obra es hacer el Oro, el Oro es un metal, hay, pues, que dirigirse a los metales: «Naturaleza mantiene sus relaciones con naturaleza y naturaleza contiene naturaleza, y naturaleza intenta dominar naturaleza» (*Texto de Alquimia*). Este axioma célebre que hizo Bernardo el Trevisano sobre la vía se encuentra ya en los *Físicos y místicos* de Demócrito el mistagogo, alquimista griego: «La naturaleza triunfa sobre la naturaleza». Los adeptos no cesaban de repetir esta fórmula bajo todas sus formas, así Arnau de Vilanova en su: *Flos florum*, dice la misma cosa: «El hombre no engendra sino hombres, el caballo no produce sino caballos, lo mismo ocurre también con los metales, que no pueden ser producidos sino por su propia semilla». He aquí otra cita concebida dentro del mismo espíritu «Ahora tú, hijo mío, ve a buscar al agricultor y pregúntale cuál es la semilla y cuál es la cosecha. Aprenderás de él que quien siembra trigo, cosecha trigo, que quien siembra cereal cosecha cereal. Estas cosas hijo mío te conducirán a la idea de la creación y de la generación. Acuérdate de que el hombre engendra un hombre, que el león engendra un león y el perro, un perro. Es así como el Oro produce Oro, he aquí todo el misterio» (*Epístola de Isis sobre el Arte Sagrado*; manuscrito griego; pasaje ya citado por Hoeffer). Por lo tanto, la materia debe ser sacada de los metales, ¿pero de qué metales? De los metales perfectos, es decir del Oro y de la Plata, del Sol y de la Luna. «El sol es su padre, la luna es su madre» (*Tabla de esmeralda* de Hermes). «La materia de la cual se extrae la medicina soberana de los filósofos es solamente Oro muy puro y Plata muy fina y nuestro Azogue» (Bernardo el Trevisano: *La palabra abandonada*). «El Oro, la Plata y el Mercurio constituyen la Materia de la Piedra, después que han sido preparados según el Arte» (Libavius: *Paraphrasis Arnaldi*).

Los párrafos que indican al Oro, la Plata y el Mercurio como materia, son innumerables: los precedentes son suficientemente explícitos, sobre todo el de Libavius. He aquí otro muy interesante. «Pero yo te lo digo, trabaja con el Mercurio y sus semejantes, has de saber que no le añadirás nada extraño; sabe sin embargo que el Oro y la Plata no son extraños al Mercurio» (Santo Tomás de Aquino: *Secretos de Alquimia*). Lo que equivale a decir: trabaja con el Mercurio, el Oro y la Plata.

Pero estos tres metales no constituían sino la materia alejada de la Piedra, la materia próxima es el Azufre, el Mercurio y la Sal que se han extraído de ella. Del Oro se saca el Azufre, de la Plata el Mercurio, y del Azogue vulgar, la Sal. Según los teóricos de la Alquimia (Roger Bacon, en particular, en su *Espejo de Alquimia*), el Oro contiene un Azufre, principio muy puro, fijo, rojo, no combustible, y la Plata contiene un Mercurio, principio puro, volátil, más o menos brillante, blanco. En cuanto a la Sal, era proporcionada por el Azogue. «Hay otros filósofos que pretenden que la Piedra se extrae del Mercurio, pero no del vulgar, sino del que se puede sacar con ayuda del Arte, de los metales perfectos como el Sol y la Luna» (Alberto el Grande: *Concordancia de los filósofos sobre la Gran Obra*). Parece haber aquí una ligera contradicción con lo que hemos dicho más arriba, pero no la hay: los filósofos designaban a menudo bajo el nombre de Mercurio de los filósofos la Materia de la Piedra considerada en su conjunto; así, esta palabra Mercurio tiene cuatro acepciones distintas, puede designar: 1.º el metal, 2.º el principio, 3.º la Plata preparada para la obra, 4.º la Materia de la Piedra. En este último sentido hemos de entender este pasaje:

«Es el Mercurio de los Mercurios
y muchos habrán de cuidar
de encontrarlo para su negocio
aunque no es el Mercurio vulgar»

JEHAN DE LA FONTAINE: *La fuente de los amantes de la ciencia*

Es, al contrario, en el sentido de Plata preparada para la Obra, de Mercurio-principio extraído de la Plata de lo que se habla en esta otra cita:

JEAN DE MEUNG:
El romance de la naturaleza al alquimista errante

Hemos ya dicho que la Sal, como tercer principio, apenas es mencionada por los alquimistas antiguos; a menudo sólo hablan del Azufre y del Mercurio, Oro y Plata, Sol y Luna. Para enredar al vulgo disfrutaban tomando estos términos los unos por los otros, «El Sol es el padre de todos los metales, la Luna es su madre, aunque la Luna recibe su luz del Sol. De estos dos planetas depende el magisterio completo» (R. Llull: *La clavícula*). En la primera frase, Sol y Luna son sinónimos de Azufre y Mercurio, principios universales, en la segunda, significan Azufre y Mercurio, materia de la Obra. Estos cuatro términos podían entonces ser tomados dos a dos como sinónimos absolutos.

Una figura de Barchusen representa el signo del Azufre correspondiente al del Sol, del Oro, y el del Mercurio al de la Luna, la Plata. Los símbolos del Azufre y del Mercurio principios son, pues, aplicables a los del Azufre y del Mercurio, Materia de la Piedra, al Oro y a la Plata (para estos símbolos, *véanse* los Capítulos II y III de esta segunda parte).

El Oro y la Plata preparados para la obra se llamaban Oro y Plata de los filósofos. En primer lugar, eran purificados, por esto Rhasés dice: «El comienzo de nuestra obra es sublimar» (*Libro de las Luces*). Sublimar, es decir, purificar. Es así que Grever dice: «El Oro vulgar es impuro, contaminado por la presencia de metales extraños, agrio, enfermo, y por eso mismo estéril, lo mismo que la Plata vulgar. Por el contrario, el Sol y la Luna de los filósofos son de lo más puros, no están contaminados por ninguna mezcla extraña, sanos, enérgicos, más abundantes en semilla generatriz» (Jacobus Greveri: *Secretum nobilissimum*). Purificando estos metales se aumentaba su perfección y se les daba así la facultad de aumentar en perfección durante la obra. «El Oro vulgar es perfecto simplemente por naturaleza, es decir, no tiene más que la perfección que la que le es necesaria para ser perfecto, sin poder compartirlo con los metales imperfectos y por consiguiente si queremos que el Oro vulgar introduzca la forma de Oro vulgar en los metales imperfectos para perfeccionarlos, es necesario que el Oro vulgar sea convertido en más que perfecto» (Colleson: *Idea perfecta de la filosofía hermética*). Es éste el exceso de perfección que el Oro y la Plata transmitían a los metales viles durante el fenómeno de la transmutación.

Se purificaba el Oro por la cementación o por el Antimonio y, la Plata, por la copelación, es decir por el plomo: «Preguntan si los cuerpos perfectos o luminarias deben ser preparados antes de servir a la obra. Respuesta: el Oro debe ser purificado por cementación y la Plata por copelación. Luego es necesario reducirlos en limaduras o en hojuelas similares a aquellas que utilizan los pintores» (Arnau de Vilanova: *Quæstiones tam essentiales quam accidentales ad Bonifacium octavum*).

Todo esto se entiende para el Oro y la Plata monetarios o del comercio, que están siempre aleados con metales extraños; se podía emplear el Oro nativo directamente, porque es suficientemente puro por sí mismo: «Se encuentra en las entrañas de la Tierra Oro perfecto, y se encuentra a veces en forma de trocitos y granos como arena. Si puedes recuperarlo tal como se encuentra y sin estar mezclado, es bastante puro; si no, te será necesario purgarlo y purificarlo por medio de Antimonio» (Filaleteo: *Entrada abierta al palacio cerrado del rey*).

Había, como hemos dicho, dos maneras de purificar el Oro: «Pasa el Oro por el cemento real o por el Antimonio» (Ph. Rouillac: *Compendio de la Gran Obra*). El cemento real o cementita se componía, siguiendo a Macquer (*Diccionario de Química*) de catorce partes de ladrillos machacados, una parte de vitriolo verde calcinado o rojo (era por consiguiente sesquióxido de hierro o colcótar), y una parte de Sal común. Se formaba una pasta del todo con Agua u orina, y se la colocaba en un crisol con el Oro, superponiendo capas de Oro y de cemento alternativamente. Para la purificación por el Antimonio bastaba con fundir el Oro con el Antimonio. La copelación de la Plata se hacía por los mismos procedimientos que los nuestros.

Para designar estas operaciones, los alquimistas empleaban multitud de símbolos. El Oro y la Plata son generalmente figurados por un rey vestido de rojo y una reina de blanco «El macho es rojo, la hembra es blanca» (Isaac el Holandés: *Opera mineralia*); el Oro y la Plata están representados así en el *Gran Rosario*. Sus vestimentas designan las materias extrañas, las impurezas que los contaminan. La figura siguiente del *Rosario* los representa desnudos, es decir, purificados, desembarazados de sus impurezas, de sus ropas. Los alquimistas también decían que el rey y la reina se habían purificado en un baño: «Pero antes de coronar la castidad de su amor y de admitirlos en lecho conyugal, es necesario purgarlos cuidadosamente de todo pecado tanto original como actual… Preparadles, pues, un baño suave, en el cual los lavaréis a cada uno en particular, porque la hembra menos fuerte y menos vigorosa no podría soportar la acritud de un baño tan violento como el del macho. Sería infaliblemente destruida. Prepararéis el baño del macho con el *stibium…* En cuanto al baño de la hembra, Saturno os enseñará cuál debe ser». (Huginus a Barma: *El reino de Saturno transformado en Siglo de Oro*). Encontramos aquí designada alegóricamente la purificación del Oro por el Antimonio (*stibium* en latín) y de la Plata por el plomo (Saturno). La purificación estaba simbolizada por una fuente donde el rey y la reina, el Sol y la Luna, venían a bañarse, este símbolo se encuentra en las figuras de Abraham el Judío y en el *Rosario*.

El Antimonio es simbolizado por un lobo y el plomo por Saturno armado de su guadaña. De este modo, en la primera de las figuras de Basilio Valentín (*Las 12 claves de la sabiduría*) que se refiere a la purificación, el Antimonio simbolizado por un lobo está colocado al lado del rey, símbolo del Sol, u Oro, la operación se realiza en un crisol; el plomo simbolizado por Saturno está colocado al lado de la reina, Luna o Plata, de este mismo lado está colocada una copela. En cuanto a las tres flores que sostiene la reina, indican que la purificación debe ser repetida tres veces.

La primera figura de Abraham el Judío, que representa a Mercurio perseguido por Saturno, se refiere a la purificación de la Plata por el plomo. En efecto, la Plata vulgar copelada pierde peso a causa de los metales extraños que contenía, ya que los óxidos son absorbidos por las paredes de la copela. Los alquimistas, al ver que en esta operación la Plata había perdido su peso primitivo, admitían que sus partes volátiles se habían evaporado. Saturno o el plomo persigue al Mercurio o la Plata, y le corta las piernas, es decir, lo deja inmóvil, lo fija, en una palabra, lo vuelve inalterable. Es la verdadera fijación del Mercurio en la cual se han equivocado tantos sopladores.

El Oro y la Plata purificados constituían la materia alejada de la Piedra. El Azufre extraído del Oro, el Mercurio extraído de la Plata, eran la materia cercana. Todos los filósofos están de acuerdo en este último punto «El Oro es el más perfecto de todos los metales, es el padre de nuestra Piedra, y sin embargo no es la materia: la Materia de la Piedra es la semilla contenida en el Oro» (Filaleteo: *Fuente de la Filosofía Química*). También: «Por ello os aconsejo, amigos míos, que no operéis sobre el Sol y sobre la Luna sino después de haberlos conducido a su materia que es el Azufre y el Mercurio de los filósofos» (R. Llull: *La clavícula*). Huginus a Barma dice positivamente «El Azufre del Oro es el verdadero Azufre de los filósofos».

El paso siguiente era utilizado por los alquimistas para extraer el Azufre o el Mercurio del Oro o de la Plata: para empezar disolvían estos dos metales siguiendo su viejo axioma *Corpora non agunt nisi soluta*.[6] Luego congelaban estas soluciones, es decir las hacían cristalizar; descomponían después por el calor las sales así obtenidas, volvían a disolver el residuo Oro y Plata pulverulentos, y después de diversos tratamientos que variaban un poco de un filósofo a otro, tenían por fin el Azufre y el Mercurio para la Piedra.

En cuanto a la Sal, era generalmente una Sal de Mercurio volátil, como el bicloruro de Mercurio o, sublimado corrosivo, que los alquimistas denominaban Mercurio sublimado. Antes de ser transformado en Sal, el Mercurio tenía que ser purificado por destilación.

Hemos visto que los filósofos utilizaban ácidos para disolver el Oro y la Plata «En nuestra Piedra está oculto todo el secreto del magisterio que es el Sol, la Luna y el aguardiente» (R. Llull: *Aclaración del Testamento*). El aguardiente designa los licores ácidos. «Es necesario en primer lugar que el cuerpo sea disuelto y que los poros sean abiertos, a fin de que la naturaleza pueda operar» (El Cosmopolita). Esta parte de la Gran Obra es la que

---

6. Los cuerpos no actúan si no se disuelven.

los alquimistas han mantenido en secreto; era, según ellos, la operación más difícil de descubrir.

> «El más rudo trabajo, la dificultad entera
> Es preparar perfectamente la materia».

Augurele: La Crisopea

La mayor parte de los adeptos han silenciado esta parte de la Obra, y comienzan la descripción de la Gran Obra suponiendo que la preparación de la materia es conocida. Es lo que, por lo demás, nos afirma Colleson: «Ellos no hablan sino bastante poco e incluso muy oscuramente de la primera operación del magisterio hermético sin la cual no se puede hacer nada en esta ciencia transmutatoria» (*Idea perfecta de la Filosofía Hermética*). Sin embargo, hemos tenido éxito al encontrar algunos pasajes para esclarecer esta cuestión. Resulta que el Oro era disuelto en Agua regia y la Plata en Agua fuerte o ácido nítrico, y a veces en aceite de vitriolo (ácido sulfúrico). Artefius se extiende más que cualquier otro a propósito del Agua o ácido empleado para disolver el Oro, lo llama primer Mercurio, vinagre de las montañas: «Esta Agua disuelve parcialmente todo lo que puede ser fundido y licuado. Es un Agua pesada, viscosa, pegajosa… Disocia todos los cuerpos en su materia prima, es decir, en Azufre y en Azogue. Si pones en esta Agua algún metal, cualquiera que fuese, en forma de limaduras o en láminas finas, y mantienes algún tiempo un calor suave, el metal se disolverá completamente y será enteramente cambiado en un Agua viscosa… Ésta aumenta de peso y de color el cuerpo dividido» (Artefius: *Tratado secreto de la Piedra de los filósofos*). El último párrafo es bastante exacto, el cloruro de Oro obtenido por la acción del Agua regia sobre el Oro es amarillo brillante y más pesado naturalmente que el metal empleado. El autor anónimo del *Tratado del blanco y del rojo*, que habla muy abiertamente de la Gran Obra, opera sobre las sales obtenidas por la disolución preliminar del Oro y de la Plata. He aquí su receta de «El Agua para el Oro». Es simplemente Agua regia. «Toma vitriolo de Hungría azul, bien seco, y salitre, más una libra de Sal de amoníaco. Prepárate un Agua fuerte en un jarro de vidrio bien zulaqueado, provisto de una cubierta de vidrio» (*Tratado del blanco y del rojo*). Por último, Ripley entra en los detalles de la experiencia: «Habiendo sido preparado el cuerpo, vierte sobre él el Agua compuesta, para que sea recubierto de un espesor de una media pulgada. El Agua se pondrá también a hervir sobre las cales del cuerpo, sin ningún Fuego exterior. El cuerpo se disolverá y se elevará en forma de hielo secándolo todo (Ripley: *Médula de la Alquimia*). Elevar la solución en forma de hielo es hacerla cristalizar, esta última operación se llamaba también congelación o coagulación. «Sabrás que todo el magisterio no consiste sino en una disolución y una coagulación» (Alberto el Grande: *El libro de los ocho capítulos*).

Las sales así obtenidas no servían directamente a la Obra: «Las sales no tienen ninguna cualidad transmutatoria, sirven solamente de llaves para la preparación de la Piedra» (Basilio Valentín: *Carro triunfal del Antimonio*). Pero eran sometidas a diversas manipulaciones después de las cuales eran transformadas en óxidos o de nuevo en sales.

Se simbolizaba los ácidos por medio de leones que devoraban al Sol y a la Luna. Toda figura que representara al Sol o la Luna, Apolo o Diana, vencidos y devorados por un animal fuerte y valiente, tal como el león, el águila, el tigre, etc. simboliza la disolución de los metales preciosos. Filaleteo, dice: «Antes de hacer la última obra, es preciso encontrar un licor o humedad en la cual se funda el Oro como el hielo en Agua». Esta Agua ácida, se denomina «estómago de avestruz», y así como el avestruz lo digiere todo, así este líquido disuelve todos los metales.

En las figuras que Flamel había hecho esculpir en el Cementerio de los Inocentes, la disolución está representada por un dragón que devora a un hombre al que ha derribado.

Se figuraba la materia preparada con un líquido encerrado en una botellita como en la figura que aparece con el título de este volumen. En fin, se la representaba como el hermafrodita químico: «Es hermafrodita y da crecimiento a todas las cosas mezclándose indiferentemente con ellas, porque tiene encerradas en sí todas las semillas del globo etéreo» (Venceslas Lavinius: *Tratado del cielo terrestre*). El hermafrodita era figurado con un cuerpo con dos cabezas, se llama Rebis y simboliza el Azufre y el Mercurio preparados para la Obra. «Richard el Inglés rinde testimonio de mí diciendo: la materia prima de nuestra Piedra se llama Rebis (dos veces cosa), es decir, una cosa que ha recibido de la naturaleza una doble propiedad oculta que hace que se le dé el nombre de hermafrodita» (*El triunfo hermético*).

No haríamos mal repitiendo aquí lo que ya habíamos dicho: que el Mercurio de los filósofos, cuando está dado como única materia de la Obra, designa al conjunto de los cuerpos que entran en la composición de la materia. Tomado en este sentido no es un cuerpo especial, sino que es el sinónimo de la materia de la Obra, es por lo demás lo que se deduce perfectamente del pasaje siguiente de Ripley: «Ahora, hijo mío, para decirte algo sobre el Mercurio de los filósofos, sabe que cuando hayas puesto tu aguardiente con el hombre rojo (que es nuestra Magnesia) y con la mujer blanca, que se denomina *albífica*, y que estén completamente unidos, de manera que no formen sino un solo cuerpo, es entonces en verdad que tendrás el Mercurio de los filósofos» (Ripley: *Tratado del Mercurio*).

Concluiremos este capítulo con algunas palabras sobre el pequeño magisterio y la Gran Obra o Gran Magisterio. La pequeña obra o pequeño magisterio se hacía con el Mercurio (sales de Plata), pero la Piedra Filosofal así obtenida era blanca y no transmutaba los metales sino en Plata. La Gran Obra se hacía con una mezcla de sales de Oro y de Plata, con el Azufre y el Mercurio, se obtenía la verdadera Piedra Filosofal, roja, que transmutaba los metales en Oro.

Las dos piedras y los dos magisterios se representaban por medio de árboles: uno, el árbol lunar, lleva lunas a guisa de frutos, es la pequeña obra; el otro, el árbol polar, lleva soles, es el símbolo de la Gran Obra. Esta distinción entre las dos obras es antigua, todos los alquimistas la conocían. «Los filósofos afirman expresamente que el Oro tiene que haber pasado anteriormente por el estado de Plata. Si alguien pues quisiera realizar la Obra sólo con Plata, no podría avanzar más allá del blanco, y sólo podría convertir los metales imperfectos en Plata, y jamás en Oro. (Vogel: *De lapis physici conditionibus*).

Geber reconocía dos piedras filosofales o elixires, ya que dice: «La Luna fermentada por el elixir blanco se prepara disolviendo la Luna en su Agua corrosiva» (Geber: *Libro de los hornos*).

El desarrollo de las dos obras era idéntico, salvo que el pequeño magisterio se detenía ante la aparición del color blanco, mientras que el Gran Magisterio proseguía hasta el color rojo: el *Tratado del blanco y del rojo* distingue también las dos obras, después de haber hablado extensamente de la Gran Obra u obra al rojo, se contenta con decir que para la pequeña obra, basta con repetir las mismas operaciones trabajando sobre la Plata disuelta en su Agua especial. Los filósofos apenas han tratado de la pequeña obra, por lo que también nosotros dejaremos de lado el pequeño magisterio. Sin embargo, es bien entendido que el horno, el vaso, el Fuego, las operaciones, los colores son similares en los dos casos, pero la Gran Obra es más larga, puesto que después del color blanco, fin de la pequeña obra, otros colores aparecen en la grande. En suma, al hablar de una, implícitamente hablaremos de la otra.

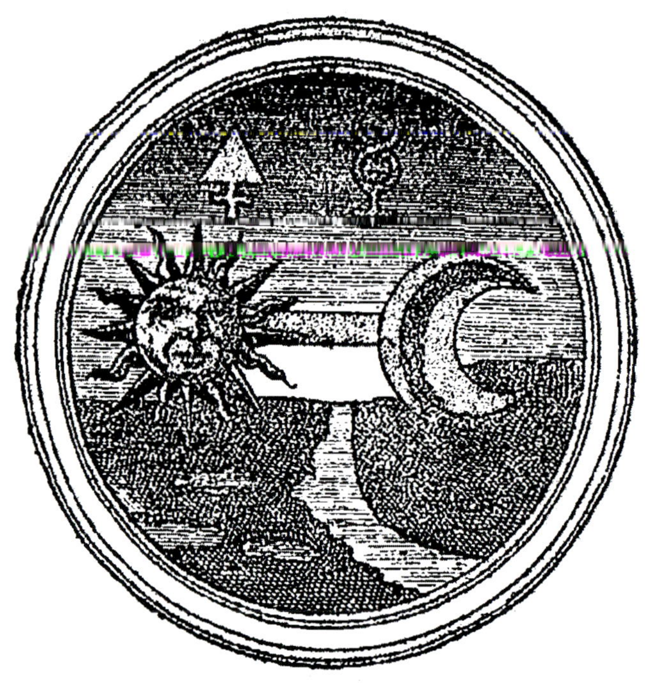

Plancha IX

Figura I (Tomada del *Liber singularis* de Barchusen).

Indica que el Azufre y el Mercurio de los filósofos son sacados del Oro y de la Plata (*véase* Capítulo IV).

Figura II (Es el primero de los doce pantáculos que acompañan a las doce claves de sabiduría de B. Valentín).

Purificación del Oro, el rey, por el Antimonio, al lobo en un crisol y la Plata, la reina, por el plomo, Saturno, en una copela (*véase* Capítulo IV).

Plancha X

Esta figura se encuentra en el *Musaeum Hermeticum*. El atanor y los principales animales simbólicos del hermetismo. Este atanor tiene una forma un tanto extravagante, pero las partes principales siguen ahí. La torre coronada por la cúpula, el baño de arena y el huevo filosófico. La serpiente encerrada en el huevo representa la Materia de la Piedra. El león es el símbolo del fijo, el Azufre; el águila el símbolo del volátil, el Mercurio. La serpiente y el dragón, símbolos de la Materia. El cuervo representa el color negro, el cisne el color blanco, el pavo real los colores del arcoíris, finalmente el ave fénix simboliza el color rojo (*véanse* Capítulos II, V y VI).

Capítulo V

El huevo filosófico y sus símbolos –
El sello de Hermes – El atanor –
El fuego de los filósofos – Los grados

Cuando estaba preparada la Materia de la Piedra, se trataba de darle por medio de una cocción cuidadosa la propiedad de transmutar los metales. Para ello se encerraba la materia en un pequeño globo o matraz, conocido con el nombre del huevo filosófico; se colocaba el todo sobre una escudilla llena de cenizas o de arena, y se calentaba según ciertas reglas en una especie de horno de reverbero, el Atanor.

Los Alquimistas son generalmente bastante explícitos sobre estas partes accesorias de la Obra. El matraz en el cual se coloca la materia se denomina huevo de los filósofos, es un globo de vidrio bastante resistente, a veces está hecho de cerámica, algunos se servían de huevos filosóficos de metal, cobre o hierro. El globo de vidrio era el huevo filosófico más empleado. «El frasco del Arte es el huevo de los filósofos, que es fabricado con un vidrio muy puro, y tiene el cuello de una longitud mediana: es necesario que la parte superior del cuello pueda ser sellada herméticamente y que la capacidad del huevo sea tal que la materia que mete allí no llene sino una cuarta parte» (Huginus a Barma: *El reino de Saturno*). Roger Bacon utilizaba indiferentemente un frasco de vidrio o de cerámica. «El frasco debe ser redondo, con un cuello pequeño. Debe ser de vidrio o de una

Tierra tan resistente como el vidrio: se cerrará herméticamente el orificio, con una cubierta y betún» (Roger Bacon: *Espejo de Alquimia*). Filaleteo insiste sobre todo sobre el cierre y la capacidad. «Ten un frasco de vidrio hecho en óvalo, que sea redondeado y lo bastante grande para contener una onza de Agua destilada en la amplia capacidad de su barriga… Es necesario sellarlo por arriba con precaución que no haya grieta ni ningún agujero, de lo contrario tu obra se perdería» (Filaleteo: *Entrada abierta al palacio cerrado del rey*).

Se llamaba «huevo» a este vaso, en primer lugar, a causa de su forma, y también porque de él, como de un huevo, debía salir después de incubación en el atanor, la Piedra Filosofal, el Niño coronado y vestido de la púrpura real, como decían los alquimistas. Es más o menos en este sentido que Rouillac da la etimología de esta palabra: «De la misma manera que un huevo tiene todo lo que le es necesario para la generación del pollo, que no le es necesario agregar nada, y que no hay nada superfluo que sea necesario quitar, de la misma manera, es necesario encerrar en nuestro huevo lo que le es necesario para la generación de la Piedra» (Rouillac: *Compendio de la Gran Obra*).

En los pasajes citados más arriba, se ve que los filósofos insistían mucho en el cierre completo del huevo; algunos, como Bacon, empleaban una cubierta que fijaban con sello de cerámica o con betún, pero la mayor parte empleaban el sello de Hermes. *El hilo de Ariadna*, tratado anónimo, proporciona detalles harto interesantes a propósito de esta operación. Indica tres maneras de sellar herméticamente un globo: 1.º) se colocaba el cuello en un Fuego ardiente, pero separándolo del Fuego mediante una teja agujereada de manera que el vidrio no se reblandeciera sino en un punto del cuello; cuando el vidrio estaba blando, se cortaba el cuello en este lugar con un par de tijeras, los bordes cortados se soldaban absolutamente como cuando se corta un tubo de caucho; 2.º) se reblandecía el cuello de la misma manera, después se retorcía el cuello tirando suavemente, y a la llama de una vela, se fundía el extremo puntiagudo de manera de producir una pequeña perla de vidrio; 3.º) se calentaba la abertura del globo y con un tapón de vidrio que se adaptara, se cerraba el globo con su tapón y se derramaba por encima del vidrio, fundido.

Algunos alquimistas preferían al simple globo de vidrio un aparato formado por dos matraces, con el cuello de uno que entraba en el otro: «Hay dos vasos de la misma forma, tamaño y altura, donde la nariz de uno entra en el vientre del otro, a fin de que por acción del calor lo que está en una parte, suba a la cabeza del frasco y después la acción del enfriamiento descienda al vientre» (Ramon Llull: *Aclaración del Testamento*). Igualmente «unos se sirven de vasos de vidrio redondos u ovalados. Otros prefieren la forma de aludel, toman un vaso cuyo cuello corto penetra en otro vaso que sirve de cubierta, se zulaquean» (Libavius: *De lapide philosophorum*).

Se los sellaba, sea con un zulaqueo resistente, o sea fundiendo el cuello del primer globo sobre el cuello del segundo. Esta disposición ofrecía las siguientes ventajas: los vapores se condensaban más fácilmente en contacto con las paredes frías del globo superior, pues al ser mayor la capacidad interior, el aparato corría menos riesgos de estallar.

Los alquimistas daban diferentes nombres al huevo filosófico. Según Flamel lo llamaban: esfera, león verde, prisión, sepulcro, botellita, cucúrbita, casa del pollo, cámara nupcial. Los nombres de esfera, botellita y cucúrbita le eran dados a causa de su forma; la expresión casa del pollo no es sino una perífrasis; cámara nupcial, prisión, sepulcro son imágenes muy comprensibles, si se recuerda que el Azufre y el Mercurio, Materia de la Piedra, eran llamados hombre rojo, mujer blanca; el huevo era una prisión porque una vez que los esposos filosóficos (el rey y la reina, el hombre rojo y la mujer blanca, *Gabricius* y

Beia) habían entrado allí, eran detenidos hasta el final de la obra. Sepulcro: porque los esposos morían allí, después de haber entrado, después de su muerte nacía su hijo (la Piedra Filosofal), porque toda generación procede de putrefacción, la muerte engendra la vida, según una teoría en boga en la Edad Media (*véase* Capítulo VII). Este símbolo del sepulcro es bastante frecuente para designar el huevo filosófico: «Vigila que la conjunción del marido y de su esposa no se haga sino después de haberlos despojado de sus vestidos y ornamentos, tanto del rostro como de todo el resto del cuerpo con el fin de que entren en la tumba tan limpios como cuando vinieron al mundo» (Basilio Valentín: *Las doce claves de la sabiduría*). Está simbolizado en las figuras que acompañan el Rosario en el «*Artis auriferae quam Chemiam vocant*» en forma de sepulcro. En el *Vialorium spagyricum*, el huevo con la materia está representado por medio de un sepulcro de vidrio donde están encerrados el rey y la reina.

El huevo es llamado cámara nupcial, lecho nupcial, porque es en él donde tenía lugar la conjunción del Azufre y el Mercurio, la unión del rey y de la reina. En el *Sueño verde*, se habla de una casa de vidrio completamente cerrada, se introduce allí los esposos y se cierra la puerta con la materia misma de la cual está compuesta la casa.

El huevo también era llamado matriz por analogía, porque «La matriz de la mujer después que ha concebido, permanece cerrada, a fin de que no entre allí ningún Aire extraño y que el fruto no se pierda. Así nuestra Piedra debe siempre permanecer encerrada en su frasco» (Bernardo El Trevisano: *La palabra abandonada*) y también para que se encierren allí los dos espermas minerales, Azufre y Mercurio, donde debe nacer la Piedra de los filósofos.

Finalmente, el huevo era llamado vientre de la madre, mortero, criba. Criba porque los vapores que se elevan, después de ser condensados, vuelven a caer gota a gota como un líquido que pasa a través de una criba.

El huevo lleno y cerrado era colocado en un recipiente o palangana que contenía cenizas o arena fina. Hélias en su *Espejo de Alquimia* recomienda colocar el huevo en una copela que contenga cenizas amontonadas, de manera que los dos tercios superiores del globo emerjan solos. Algunos filósofos en lugar del baño de arena empleaban el Baño María, al que denominaban Fuego húmedo.

El recipiente y el huevo eran instalados en un horno especial denominado atanor, de la palabra griega αθανατος, inmortal, porque el Fuego una vez alumbrado, debía arder hasta el fin de la Obra. Ciertos alquimistas han hecho aparecer en sus obras diversos modelos del atanor: uno de los más curiosos se encuentra en el *Ramillete químico*, de Planiscampi. Se compone de dos hornos pegados, en uno de ellos se producen Fuego y gases provenientes de la combustión, que pasan por un agujero de comunicación y van a calentar el otro horno. El atanor de Barchusen es un horno ordinario. Pero el verdadero atanor, el que era conocido desde los primeros alquimistas occidentales (Alberto El Grande, Roger Bacon, Arnau de Vilanova), es una especie de horno de reverbero que puede desmontarse en tres partes. La parte inferior contenía el Fuego y estaba perforada por agujeros para permitir el acceso del Aire; tenía una puerta. La parte media, cilíndrica también, ofrecía tres protuberancias dispuestas en forma de triángulo, sobre las cuales reposaba el recipiente que contenía el huevo. Esta parte estaba perforada según uno de sus diámetros con dos agujeros opuestos, cerrados por discos de cristal, lo que permitía observar lo que pasaba en el huevo. Por último, la parte superior, completa, esférica, constituía una cúpula o reflector, que reverberaba el calor. Tal era el atanor que se solía usar. Las disposiciones principales permanecían invariables y los cambios que los alquimistas aportaban personalmente no tenían la mayor importancia. De este modo, nos encontramos en el *Liber mutus* con un atanor bastante elegante con forma de torre almenada.

El símbolo del horno es una encina hueca, y lo encontramos así representado en las figuras de Abraham El Judío.

Se daba al conjunto: horno, recipiente, huevo filosófico, el nombre de triple vaso. «Este vaso de cerámica es llamado por los filósofos triple vaso porque en su interior hay una palangana llena de cenizas tibias, en las cuales es colocado el huevo filosófico» (*El libro de Nicolás Flamel*).

Los alquimistas, tan celosos de todo lo referente a la Gran Obra, no han hecho ningún esfuerzo en ser claros a propósito del Fuego o los grados de calor necesarios para la obra. El conocimiento de estos grados estaba considerado por ellos como una de las claves más importantes de la Gran Obra. «Muchos alquimistas están en el error, porque no conocen la disposición del Fuego, que es la clave de la obra, ya que disuelve y coagula al mismo tiempo lo que ellos no pueden captar, porque están cegados por su ignorancia» (Ramon Llull: *Vade me cum seu de tincturis compendium*). En efecto, una vez preparada la materia, la cocción sólo podía cambiarla en Piedra Filosofal. «Yo no os ordeno sino que cocer, coced al comienzo, coced al medio, coced al final, y no hagáis otra cosa» (*La turba de los filósofos*).

Los alquimistas distinguían varios tipos de Fuego: el Fuego húmedo, es el baño María que proporciona una temperatura constante; el Fuego sobrenatural o artificial designaba los ácidos, esto viene de que los alquimistas habían comprobado que los ácidos producen una elevación de la temperatura en sus diversas reacciones, y además que tienen el mismo efecto que el Fuego sobre los cuerpos, los desorganizan, destruyen rápidamente su aspecto primitivo. Finalmente, el Fuego natural, ordinario.

Por regla general los alquimistas no empleaban ni carbón ni madera para calentar el huevo filosófico, habría sido necesaria una vigilancia continua y habría sido más o menos imposible obtener una temperatura constante. Por esto Marco Antonio las emprende contra los sopladores ignorantes que utilizaban carbones: «Para qué estas llamas violentas si los sabios para nada usan carbones ardientes, ni leños inflamados para hacer la obra hermética» (*La Luz saliendo por sí misma de las tinieblas*). Los filósofos herméticos empleaban una lámpara de aceite con mecha de amianto, cuyo mantenimiento es fácil y que produce un calor más o menos uniforme, ese es el Fuego que tanto han ocultado y del cual sólo algunos hablan abiertamente.

Admitían varios grados en su Fuego, según que la Obra estuviera más o menos avanzada, llegaban a regular su Fuego aumentando el número de filamentos que componían la mecha: «Haz al comienzo un Fuego suave, como si no tuvieras más que cuatro hilos en tu mecha, hasta que la materia comience a ennegrecer. Después, auméntalo, pon catorce hilos, la materia se aclara, se vuelve gris; por último pon veinticuatro hilos y tendrás la blancura perfecta» (Happetius, *Aphorismi basiliani*).

El primer grado del Fuego, el del comienzo de la obra, equivalía más o menos a 60 o 70 grados centígrados: «Haced vuestro Fuego en proporción al calor de los meses de junio y julio» (*Diálogo de María y de Aros*). Es necesario no olvidar que el que habla es un egipcio; por lo demás, el primer grado era aún llamado Fuego de Egipto, precisamente porque casi iguala la temperatura estival de Egipto. Algunos alquimistas que olvidaban este punto han indicado para el primer grado una media muy débil, tal como Ph. Rouillac: «Observa sobre todo el Fuego y sus grados, que el primero sea febril, es decir igual a la temperatura del sol en la época del mes de febrero» (*Compendio de la Gran Obra*). En el primer grado se aseguraban de que se había alcanzado la temperatura deseada, aproximando la mano al huevo, podían tocarlo sin quemarse. «No dejarás nunca calentarse demasiado al vaso, de manera que puedas tocarlo siempre con la mano desnuda sin quemarte. Esto durará todo el tiempo de la solución» (Ripley: *Tratado de las doce puertas*).

Los otros grados se encuentran fácilmente doblando, triplicando, etc. poco después la temperatura del primer grado. Había cuatro en total. El segundo oscila entre la temperatura de ebullición del Agua y la de la fusión del Azufre ordinario, el tercero es un poco inferior a la fusión del estaño y el cuarto a la del plomo.

Los símbolos del Fuego son: las tijeras, la espada, la lanza y el martillo, en una palabra, todos los instrumentos susceptibles de provocar una herida: «Ábrele, pues, las entrañas con una hoja de acero» dice el *Texto de Alquimia*, hablando del mineral de donde se extrae el aceite de vitriolo. En las figuras de Abraham El Judío, Saturno, armado de una guadaña, indica que se debe purificar la Plata por el plomo con ayuda del calor. En las figuras de Basilio Valentín se observa igualmente un caballero que combate con la espada contra dos leones, macho y hembra, lo que indica que es por medio del Fuego como debemos fijar lo volátil. Por último, volvemos a encontrar también la espada como símbolo del Fuego en las esculturas de Flamel en el Cementerio de los Inocentes.

Para concluir, he aquí las cualidades que debe tener el Fuego filosófico, según Bernardo El Trevisano: «Haz un Fuego evaporante, digestivo, continuo, no violento, sutil, envolvente, vaporoso, cerrado, incomburente, alterante» (Bernardo El Trevisano: *El libro de la filosofía natural de los metales*).

Plancha XI

Figura I (Edición Alemana del *Crede Mihi*)

El huevo filosófico doble. Los dos pájaros indican que una materia volátil se ha sublimado en el globo superior (*véase* Capítulo V).

Figura II (*Viatorium spagyricum*).

El rey y la reina, Azufre y Mercurio, encerrados en el sepulcro filosófico. El Esqueleto indica que estamos durante la operación denominada mortificación. El cojo o Vulcano, símbolo del Fuego, indica que hay que calentar el huevo filosófico (*véase* Capítulo V).

111

Plancha XII

Figura I (*Margarita pretiosa*).

El Oro, Materia de la Piedra, es encerrado en el sepulcro o huevo filosófico. Pero mientras se le encierra allí ha engendrado un hijo, es decir, se
ha producido un cuerpo nuevo, el alquimista sepulta al padre y al hijo
(*véase* Capítulo V).

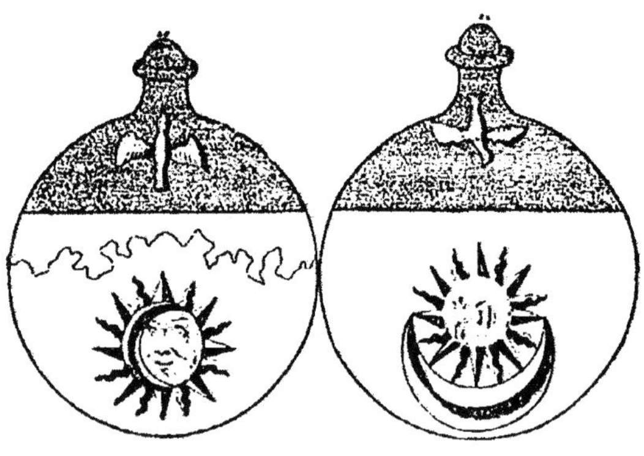

Figuras II y **III** (*Liber Singularis de Barchusen*).

Dos huevos filosóficos sellados, que encierran la Materia de la Piedra,
Oro y Plata. En uno hay sublimación, lo que indica el pájaro que se
eleva. En el otro, la materia sublimada se ha precipitado o condensado,
lo que indica el pájaro que desciende (*véase* Capítulo VI).

Capítulo VI

Las operaciones – Causas de las diferencias entre los alquimistas a propósito de las operaciones – La putrefacción – Los regímenes de Filaleteo – Fermentación – Proyección – Símbolos de las operaciones

Al estar la materia encerrada en el Huevo filosófico y el Fuego encendido, los cuerpos puestos en presencia reaccionan también unos sobre otros. Se producen diversas acciones químicas: precipitación, sublimación, desprendimiento de gas o vapores, cristalización, etc. Al mismo tiempo la Materia cambiaba varias veces de color. En este capítulo nos ocuparemos de los fenómenos químicos denominados «operaciones» por los alquimistas y en el siguiente trataremos de los colores.

Los alquimistas difieren notablemente unos de otros respecto del número y denominación de las operaciones. Es comprensible, tomemos un ejemplo: la materia emite vapores al volverse negra, luego los vapores se condensan y vuelven a caer bajo la forma de líquido. Un primer alquimista, que sólo considere el conjunto del fenómeno, le dará el nombre de destilación, porque en efecto en toda destilación se encuentra dos partes: vaporización, condensación. Otro, distinguiendo las fases del fenómeno, dirá que hubo sublimación (vaporización) y precipitación (condensación). Otro más, tomando en consideración el color negro agregará una tercera fase: la putrefacción. Y sin embargo todo eso no designará más que a un único y mismo fenómeno.

Lo mismo ocurre con todas las demás operaciones.

Además, constatamos grandes diferencias de un filósofo a otro. Mientras que Pernety estableció doce operaciones (calcinación, congelación, fijación, disolución, digestión, destilación, sublimación, separación, enceramiento, fermentación, multiplicación, proyección), Bernardo El Trevisano no admite sino una sola: «Aunque los filósofos dividen el magisterio en varias operaciones según el grado de formas y sus diversidades, sin embargo, sólo hay sino una en la formación del huevo» (Bernardo El Trevisano, *De la naturaleza del huevo*). Pero se trata de una opinión un tanto paradójica, y los demás alquimistas analizan un poco más. Hélias cuenta siete operaciones (sublimación, calcinación, solución, ablución, enceramiento, coagulación, fijación), y Alberto El Grande, cuatro (purificación, lavado, reducción y fijación).

Lo que contribuye mucho a embrollar el asunto, es que unos cuentan las operaciones a partir de la preparación de la Materia, mientras que otros comienzan a contar solamente desde el momento en que la Materia es encerrada en el huevo. Pero, en resumen, se puede dividir la Gran Obra en cuatro partes: 1.ª Preparación de la Materia; 2.ª Cocción en el huevo filosófico y aparición de los colores en el orden deseado; 3.ª Operaciones cuyo objetivo es dar a la Piedra Filosofal una mayor fuerza, éstas son la fijación y la fermentación; 4.ª Por último, la transmutación con ayuda de la Piedra, de los metales viles en Oro y en Plata, o sea la proyección.

Las distintas operaciones que tienen lugar durante la Gran Obra pueden reducirse a una sola, la cocción, porque todo se fija por el Fuego. Es, por lo demás lo que dice Alain de Lille: «Los nombres de decocción, conmistión, mezcla, sublimación, contrición, secado, ignición, blanqueamiento, rubificación y algún otro nombre con que se puede llamar la operación, no se trata sino de un solo régimen, que se denomina simplemente contrición, decocción». Basilio Valentín, por su parte, únicamente admite dos operaciones, la solución y la coagulación, es decir pasos sucesivos de la Materia del estado de reposo al estado de movimiento «El Espíritu: *Ignis et azoth tibi sufficiunt.* Alberto: «Oh palabra celeste, cómo debo hacer aquello. El Espíritu: *Solve, coagula*, disuelve y coagula» *(Coloquio del espíritu de Mercurio con el hermano Alberto).*

A pesar de esta gran diversidad de opiniones, vamos a tratar de aportar alguna luz a este caos. La primera operación (estando preparada la Materia), es la conjunción o coito. Es la unión del Azufre y del Mercurio, del macho y de la hembra. Se calienta y aparece el color negro. Se trata de la putrefacción. Veremos más adelante por qué se ha dado el nombre de putrefacción al conjunto de los fenómenos que se producen durante el tiempo que la materia está negra. Se ha dado muchos nombres a la putrefacción. He aquí sus principales sinónimos: Muerte, destrucción, perdición, calcinación, denudación, separación, trituración, asación, extracción, conmistión, licuefacción, división, destilación, corrupción, impregnación.

Después de la putrefacción viene la ablución. Esta operación consiste en hacer aparecer la blancura después del ennegrecimiento, en lavar, por decirlo de algún modo, la Piedra, ya que de negra deviene blanca. Los filósofos han simbolizado la ablución por medio de la salamandra que se purifica en el Fuego, por el asbesto o amianto que la llama blanquea sin consumirlo. «Ablución no es otra cosa que la abstracción de la negrura, mancha, suciedad e inmundicia, la cual se realiza por la continuación del segundo grado del Fuego de Egipto» (Rouillac: *Compendio de la Gran Obra).* La ablución es incluso denominada blanqueamiento, abstersión, resurrección.

Finalmente, viene la rubificación, caracterizada por la aparición del color rojo que indica que la obra es perfecta. Podemos reducir esta clasificación basada en la sucesión de los colores todas las operaciones que han imaginado los alquimistas.

El mismo Filaleteo asocia las operaciones con los colores, no les atribuye nombres particulares, y se contenta con designarlas por los nombres de los metales, que servían de símbolos a los colores (*véase* el Capítulo VII). He aquí el resumen de lo que dice a este respecto en *La entrada abierta al palacio cerrado del rey*: 1.º Régimen de Mercurio: la materia pasa por diversos colores que se desarrollan, se detiene un poco en verde y finalmente se vuelve negra. Dura cincuenta días. Vapores de color que se elevan, se condensan y vuelven a la materia sólida del fondo. 2.º Régimen de Saturno. Es la negrura. La materia es negra fundida, ebulle, otras veces se solidifica. Este régimen dura cuarenta días. 3.º Régimen de Júpiter. Del negro al comienzo del blanco. Vapores y condensación. «Durante este tiempo aparecerán todo tipo de colores que no se sabría imaginar, las lluvias serán entonces más abundantes de un día a otro y, finalmente, después de todas estas cosas, que son muy agradables de ver, aparece al lado del vaso una blancura en forma de pequeños filamentos o como cabellos». Este régimen dura veintiún días. 4.º Régimen de la Luna. Es la blancura perfecta; la duración es de tres semanas, la materia se solidifica y se licua alternativamente varias veces al día. Queda al final bajo la forma de pequeños granos blancos. 5.º Régimen de Venus. La materia pasa del blanco al verde, azul claro, rojo amarronado. Se funde y se hincha. Esto dura cuarenta días. 6.º Régimen de Marte. La materia se seca, es sucesivamente anaranjada y amarillo amarronado, luego presenta los colores del iris, esto dura cuarenta y cinco días. 7.º Régimen del Sol. La materia pasa del anaranjado al rojo, emite vapores rojos, después se hunde, se vuelve húmeda, se seca, corre y se solidifica, esto ocurre varias veces en un día; por último, queda como pequeños granos rojos». Filaleteo no habla aquí ni de la fermentación ni de la proyección, trata estas dos operaciones separadamente. Los regímenes no comprenden más que los fenómenos que tienen lugar en el huevo filosófico.

La fermentación es la operación que sigue a la aparición del color rojo. Tiene por objetivo aumentar la potencia de la Piedra y permitirle transmutar los metales más rápidamente. Generalmente, se quebraba el huevo filosófico, se recogía la materia roja, se la mezclaba con Oro fundido, se obtenía una masa desmenuzable que se hacía pasar por tratamientos que variaban de un filósofo a otro: según los alquimistas, la Piedra aumentaba no solamente en cantidad sino incluso en calidad y eso indefinidamente. Se comprende entonces la exclamación entusiasta de Ramón Llull «¡*Mare tingerem, si mercurius esset*!» (*Teñiría todo el mar si fuese de mercurio*). La mayor parte de los filósofos operaban como acabamos de decir. «Si quieres servirte de la tintura física para transmutar, proyectarás al comienzo una libra sobre mil de sol fundido. Solamente entonces la medicina estará lista y apropiada para hacer desaparecer la lepra delos metales» (Paracelso: *Tinctura physicorum*). Eck. de Sultzbach describe la operación con cuidado «Toma dos marcos de Oro puro, fúndelos en un crisol, proyecta allí un cuarto de libra de la susodicha medicina, ella será inmediatamente absorbida por el Oro y no será más que una con él; proyecta de nuevo un cuarto de libra de la medicina para convertir todo en Oro; tritura, después exponlo a un Fuego violento y el todo se convertirá en un polvo rojo como minio. Proyecta una parte sobre cien partes de Luna pura y obtendrás un Oro excelente» (Eck. de Sultzbach: *Clavis philosophorum*).

Algunos alquimistas seguían otro método para la fermentación; tomaban la Materia al rojo y después de haberla mezclado con Mercurio sublimado (bicloruro de Mercurio) la hacían digerir en un suave calor en un matraz, pero el resultado que obtenían era el mismo.

Al estar fermentada, la materia es, desde ese momento, apta para transmutar los metales. La operación por la cual los metales viles eran convertidos en Oro y en Plata, era denominada proyección. Para eso se tomaba un metal, Mercurio, plomo, estaño, el primero era fuertemente calentado sin esperar incluso su punto de ebullición, los otros dos eran simplemente fundidos, luego en el crisol donde se encontraba el metal calentado se proyectaba un trozo de Piedra Filosofal envuelta en cera. Se dejaba enfriar y se encontraba un lingote de Oro igual en peso al metal empleado según unos, menos según otros, lo que dependía de la calidad del elixir o Piedra Filosofal empleada. Al parecer, el envoltorio de cera era indispensable, y por haber descuidado esta precaución Helvetius fracasó en su primera proyección según lo cuenta en su *Becerro de Oro*. Tuvo éxito en la segunda envolviendo su fragmento de Piedra en una bolita de cera.

Vamos ahora a examinar los símbolos de las principales operaciones. La primera o conjunción estaba simbolizada por el matrimonio del Azufre y del Mercurio, del rey y de la reina. El pantáculo de la sexta clave de Basilio Valentín que representa al rey entregando el anillo nupcial a la reina mientras que un obispo los bendice, simboliza la conjunción. No olvidemos que la conjunción también era denominada matrimonio filosófico. En las figuras que acompañan al *Gran Rosario* (impreso en el *Artis auriferae*) la conjunción está representada más crudamente por la unión carnal del rey y de la reina.

La putrefacción era simbolizada por todo lo que podía recordar la idea de muerte o de negrura, cadáver, esqueleto, cuervo, etc. Es así como en el *Viatorium spagiricum* la putrefacción está simbolizada por un esqueleto de pie sobre una esfera negra, sosteniendo un cuervo en su mano derecha. El pantáculo de la cuarta clave de Basilio Valentín tiene el mismo sentido, representa un esqueleto de pie encima de un catafalco.

El blanqueamiento, operación que seguía a la putrefacción, era asimilada a la resurrección que seguía a la muerte, como el blanco (símbolo de la vida) viene en la obra después del negro (símbolo de la muerte).

El octavo pantáculo de Basilio Valentín se refiere a esta operación. Podemos comentarlo así en su doble sentido, místico y alquímico: toda vida procede de la corrupción y de la putrefacción. El grano puesto en Tierra se corrompe (según las ideas en boga en la Edad Media), y luego renace bajo la forma de trigo. Nuestro cuerpo, puesto en Tierra, se descompone, pero el día del juicio resucitará. La materia puesta en el huevo muere, se pudre, después ella renace, pierde su negritud, blanquea, ha resucitado. Dos hombres apuntan al blanco, uno alcanza el objetivo, ha alcanzado el sentido del símbolo, el otro no lo alcanzará jamás; son el loco y el sabio del Tarot.

El blanqueamiento era además denominado ablución porque se hacía entonces una destilación interior en el huevo, a continuación de la cual la materia, lavada por así decirlo por esta circulación continua de líquido, emblanquecía. Se la encuentra figurada en este sentido, en el *Viatorium spagiricum*; unos esqueletos salen de sus tumbas, resucitan, una multitud de aves revolotean encima de ellos, unas se elevan, otras descienden, lo que indica la destilación.

La destilación era a veces descompuesta en dos momentos u operaciones: 1.º ascensión de los vapores o sublimación, simbolizadas por un pájaro que se eleva con la cabeza dirigida hacia lo alto de la figura; 2.º condensación de los vapores en líquido: precipitación o descenso, simbolizado por un pájaro que desciende con la cabeza dirigida hacia la parte baja de la figura. En el *Gran Rosario,* un niño que se lanza por los aires saliendo del sepulcro donde está encerrado el hermafrodita químico figura la sublimación.

La fijación, operación final mediante la cual aparecía el color rojo, es figurada en el *Viatorium* por un niño recién nacido y en Barchusen (*Liber singularis de Alchimia*), por un joven rey coronado encerrado en el huevo filosófico. En las figuras de Lambsprinck, el padre, el hijo y el Espíritu que reinan en su gloria tienen el mismo significado.

Plancha XIII

Figura I (*Viatorium spagyricum*).

Fin de la putrefacción, simbolizada por los esqueletos y los cuervos, se desprenden vapores que se condensan, la materia está muy agitada, lo que indican los cuervos volando en todas direcciones (*véanse* Capítulos VI y VII).

Figura II (*Viatorium spagyricum*).

Putrefacción simbolizada por el esqueleto, la esfera negra, el cuervo (*véanse* Capítulos VI y VII).

Plancha XIV

Figura I (*Liber singularis* de Barchusen).

El niño encerrado en el huevo simboliza el color rojo que anuncia el final de la Gran Obra (*véase* Capítulo VII).

Figura II (Es el pantáculo de la VI clave de B. Valentín).

Conjunción, unión o matrimonio del rey y de la reina, Azufre y Mercurio, Oro y Plata. El Sol y la Luna se vinculan al rey la reina. Los aparatos destilatorios y la lluvia de fondo indican que, durante la operación de la conjunción, ocurren fenómenos de emisión de vapor y de condensación. Esto tiene lugar durante el color blanco simbolizado por el cisne. El sacerdote, medio de unión, es la Sal (*véase* Capítulo VI).

Capítulo VII

Los colores de la Obra – Concordancia entre los filósofos – Colores principales y colores intermediarios – El negro, putrefacción, cabeza de cuervo – La blancura – El iris – El rojo

En el transcurso de la Gran Obra, la Materia cambiaba varias veces de color. Estos colores aparecían unos después de otros en un orden invariable; su sucesión regular indicaba que la obra iba por buen camino. Los alquimistas griegos ya hacían mención de los colores de la materia durante la Gran Obra. Reconocían cuatro, que asimilaban a los cuatro puntos cardinales. 1.º Norte, melanosis, negro; 2.º Poniente, leucosis, blanco; 3.º Mediodía, iosis, violeta; 4.º Oriente, amarillo o rojo (Véase Berthelot: *Orígenes de la Alquimia*). Desde los griegos, todos los alquimistas han hablado de los colores, y han siempre estado de acuerdo entre ellos sobre este punto. Sus aparentes diferencias vienen de lo que algunos consideran importantes y citan colores que otros pasan bajo el silencio, pero estas ligeras diferencias no se refieren más que a colores secundarios.

Se puede, en efecto, dividir los colores de la obra en dos clases: 1.º los colores principales, que son tres, de los cuales todos los alquimistas hablan: el negro, el blanco y el rojo; 2.º los colores secundarios o intermediarios que sirven de transición para pasar del negro al blanco y del blanco al rojo. Así, antes del negro, hay una mezcla de colores bastante confusa;

entre el negro y el blanco se encuentra el gris; entre el blanco y el rojo, el verde y el azul, los colores del arcoíris o del espectro solar, después el amarillo, el anaranjado, y por último el rojo.

Los colores principales se suceden en el orden siguiente: negro, blanco, rojo. «Es por esto por lo que los filósofos dicen: nuestra Piedra tiene tres colores, es negra al comienzo, blanca en el medio, roja al final» (Alberto El Grande: *Compuesto de los compuestos*). También: «Este espíritu como un fénix que renace de sus cenizas, se viste de un cuerpo negro, blanco y rojo» (*Preceptos del padre Abraham a su hijo*). Algunos filósofos agregan a los colores principales el amarillo o anaranjado, o bien los colores del arcoíris al que denominan iris o cola de pavo real, de suerte que el número de los colores principales era llevado a cuatro, así: «Los colores críticos son en el número de cuatro: el negro, el blanco, el amarillo limón y el rojo perfecto. Algunos filósofos les han dado el nombre de elementos». (Huginus a Barma: *La piedra de toque*). Pero este número de cuatro no era nunca sobrepasado; los colores intermediarios entre el blanco y el rojo eran los únicos que importaban; los alquimistas hablaban poco por aquellos que precedían al negro y los que están entre el negro y el blanco.

Los símbolos de los colores son numerosos y es muy importante conocerlos. No se refieren sino a tres o cuatro colores principales. Se les representa muy a menudo por cuatro pájaros, el cuervo representa el negro, el cisne el blanco, el pavo real los colores del iris y el fénix el rojo. Se les encuentra así figurados en el pantáculo que acompaña la novena clave de Basilio Valentín. A veces el fénix es reemplazado por un rey que lleva el cetro, como en el *Crede mihi* de Norton (traducción alemana, encabezado del capítulo quinto). Se simbolizaban los colores con las cuatro estaciones: primavera, verano, otoño, invierno (séptima clave de Basilio Valentín).

Se designaba también alegóricamente a los colores por los metales, así Saturno o el plomo simbolizaba la negritud, la Plata o Luna era la blancura; el cobre, lo rojizo, Marte o el hierro figura el iris. Teobaldo de Hoghelande en su *Tratado de las dificultades de la Alquimia* dice al hablar de los enigmas de los filósofos: «Al comienzo de la cocción, cuando la Piedra está negra y casi cruda, se la denomina plomo, cuando tras haber perdido la negritud comienza a blanquear, se la llama estaño…: se la llama Oro cuando ha llegado al rojo perfecto». Una nota manuscrita que hemos leído al margen de la *Somme* de Geber en la *Biblioteca de los filósofos químicos*, afirma la misma cosa: «La negrura es llamada plomo. Este plomo se cambia naturalmente en Plata». Es decir, después del negro viene el blanco. Más adelante la misma mano ha indicado alegóricamente la sucesión de tres colores, en estos términos: «Blanquea, pues, el plomo que llegará a ser, la Luna, enrojece la Luna».

Filaleteo ha utilizado los nombres de los metales para designar a los colores, habla de todos los colores que aparecen, principales e intermediarios.

He aquí estos «regímenes» de los cuales ya hemos hablado, pero del punto de vista de las operaciones: 1.º Régimen de Mercurio, tan pronto avivado el Fuego durante veinte días, aparece un gran número de colores, hacia el trigésimo día domina el verde, y no es sino al cuadragésimo día cuando aparece la verdadera negrura, 2.º Régimen de Saturno, es el color negro, 3.º Régimen de Júpiter, la materia se reviste de todos los colores intermedios entre el negro y el blanco, 4.º Régimen de la Luna, es el color blanco, 5.º Régimen de Venus, donde se ven el verde, el azul, el lívido, el rojo oscuro, 6.º Régimen de Marte, amarillo anaranjado, luego los colores del iris y la cola del pavo real, 7.º Régimen del Sol, es el rojo perfecto.

No se puede ser más claro, el lector comprenderá pues fácilmente el siguiente pasaje ya citado por Hoeffer para aquel que no ha entendido nada:

> Después viene Saturno el negro,
> que Júpiter de su morada
> saliente expulsa del imperio
> al cual la Luna aspira.
> También hace dama Venus,
> quien es el bronce, no digo más
> sino que Marte subió en ella.
> Será del hierro la edad mortal
> después de lo cual aparecerá
> el Sol cuando renazca».

El gran Olimpo, poema filosófico

Los colores están citados en el orden deseado y llevan los mismos nombres que en Filaleteo. Terminemos diciendo que estos símbolos de los metales se aplicaban a los colores cuando se designaba los colores por los nombres de los metales.

También se ha simbolizado a los colores por medio de frutos; en el pasaje siguiente, se trata de los colores intermedios entre el blanco y el rojo y del rojo mismo. «Al dar enseguida el tercer grado del Fuego, toda clase de frutos excelentes vinieron a crecer, como membrillos, limones y naranjas agradables de ver, las cuales se transmutaron al poco tiempo en encantadoras manzanas rojas» (*El cofrecito del campesino*).

Bernardo El Trevisano habla de los colores bajo forma alegórica. «Por esto, se dice que la cosa cuya cabeza es roja, los pies blancos y los ojos negros, es todo el magisterio» (*La palabra abandonada*), y además «Entonces, yo le pregunté ¿de qué color es el rey? Y él me respondió que, en primer lugar, está vestido de paño de Oro. Y además tenía un jubón de terciopelo negro y la camisa blanca como nieve y la carne tan sanguínea como sangre». (Bernardo El Trevisano: *El libro de la filosofía natural de los metales*).

Finalmente, los colores eran asimilados a los cuatro elementos: «Cuatro colores se manifiestan en la obra. Negro como el carbón; blanco como la flor de lis; amarillo como los pies del pájaro llamado esmerejón; rojo como el rubí. Se llama a la negritud Aire; a la blancura, Tierra; al amarillo, Agua, y al rojo, Fuego» (David Lagneau: *Armonía química*).

Es necesario agregar que los alquimistas variaban en la aplicación de los nombres de los elementos a los colores, uno llamaba a la negritud Aire, y otro la denominaba Tierra, como el pasaje siguiente que difiere considerablemente con respecto al anterior. «En el primer régimen la Piedra es negra, se la llama Saturno, Tierra, y con los nombres de todas las cosas negras. Enseguida, cuando se blanquea, se la nombra Agua viva y con los nombres de todas las aguas, sales, tierras blancas. Después, cuando amarillea y se sublima, se la llama Aire, aceite amarillo y con los nombres de todas las cosas volátiles. Por último, cuando enrojece se la llama cielo, Azufre rojo, Oro, carbúnculo y con los nombres de todas las cosas rojas preciosas, tanto minerales como animales y vegetales» (*Changor buccinoe*).

Vamos ahora a estudiar especialmente los tres colores principales: negro, blanco y rojo. El primero que aparece es el negro, los alquimistas se han extendido mucho sobre este color, en tanto que es el que indica que la obra se encuentra en el camino correcto: «La materia puesta en movimiento por un calor conveniente comienza a volverse negra. Este color es la clave y el comienzo de la obra. Es en él donde están comprendidos todos los demás colores, el blanco, el amarillo y el rojo». (Huginus a Barma: *El reino de Saturno*).

Los filósofos herméticos han dado varios nombres al negro. «Es la negrura, signo de la putrefacción; los filósofos lo han llamado Occidente, tinieblas, eclipse, lepra, cabeza de cuervo, muerte» (*Hilo de Ariadna*).

Pero su símbolo principal era el cuervo. «Sabed también que el cuervo que vuela sin alas en la oscuridad de la noche y en la claridad del día, es la cabeza o el comienzo del arte» (Hermes; *Los siete capítulos*). Se le denominaba también cabeza de cuervo. «El indicio de esta fecundación es este Aleph o comienzo tenebroso que los antiguos han llamado cabeza de cuervo» (Huginus a Barma: *El reino de Saturno*). Según Rouillac (*Compendio de la Gran Obra*) se ha simbolizado el negro por el cuervo, porque, dice él, los cuervos nacen blancos y sus padres los abandonan hasta que tienen plumas negras como ellos, lo mismo el alquimista debe abandonar la obra si la negrura no aparece. Es entonces una señal de que la obra ha fallado y que es necesario volver a empezar.

Cabeza de cuervo, cuervo, color negro, son absolutamente sinónimos entre los alquimistas. Flamel llama al negro: «cabeza de cuervo negro del negro muy negro».

También hemos visto que Saturno es el símbolo de la negritud, y cuando los filósofos dicen: «Saturno debe superar a todos los otros planetas» significa que el color negro los precede a todos en la obra.

El negro era indicio de la operación llamada putrefacción. Se tomaban a menudo estos términos uno por otro. He aquí la razón, según una teoría de moda en la Edad Media, nada puede nacer sin putrefacción, la vida procede de la muerte. «No es posible que ninguna generación se haga sin concepción» (Huginus a Barma: *La piedra de toque*).

Se creía que las moscas nacen del barro corrupto, y Van Helmont aseguraba haber visto viejas sábanas podridas dar nacimiento a ratas. Esta teoría se aplicaba a los tres reinos de la naturaleza; el comienzo de la obra debía pues ser corrupción y putrefacción, después de lo cual la materia vivificada evolucionaba y se perfeccionaba hasta el rojo. Además, la putrefacción es el símbolo de la muerte de donde surgirá la vida. La muerte es la noche, el negro; la vida es la luz, el blanco. Se comprende pues por qué los alquimistas han llamado al negro putrefacción.

«De esta manera a la primera operación de nuestra Piedra se le ha dado el nombre de putrefacción, porque en ese momento nuestra Piedra es negra» (Roger Bacon: *Espejo de Alquimia*).

El negro aparecía más o menos a los cuarenta días después de que se ha comenzado a calentar el huevo filosófico: «Calentad moderadamente la solución filosófica en un vaso sellado herméticamente durante cuarenta días, hasta que se forme en la superficie una materia negra, que es la cabeza del cuervo de los filósofos» (Alain de Lille: *Dicta Alani de lapidi philosophico*).

Durante la negrura, según Filaleteo y Flamel, se manifiesta un fuerte olor que se puede oler si durante esta parte de la obra el vaso llega a romperse. «Antes de la Confección, la materia es muy fétida, pero después su olor es agradable; es por esto por lo que el sabio ha dicho: 'Esta Agua quita su olor al cuerpo muerto e inanimado'» (Morieno: *De transmusatione metalorum*). El Agua a la cual se refiere aquí es el líquido formado por la condensación de los vapores en el huevo filosófico. En efecto, durante el negro, se desprenden vapores amarillos, rojos, verdes (compuestos oxigenados del cloro, cloro, ácido hiponítrico) que llenan el huevo, estos gases mezclados con vapor de Agua se condensan y vuelven a caer sobre la materia, al final no se desprende más gas, la negrura completa llega, todo está en reposo.

Los alquimistas han tratado bastante menos extensamente el color blanco. Después del negro viene el gris: «El color gris aparece justo después del negro» (Nota manuscrita al margen de la *Biblioteca de los filósofos químicos*). Por último, el blanco aparece por grados.

«El signo de la blancura perfecta es un pequeño círculo muy delgado que aparece en el vaso en la periferia de la materia, su color tira hacia el anaranjado». (*La escala de los filósofos*). Luego este círculo se agrandaba, emitía pequeños prolongamientos blancos, finos como cabellos (de allí el nombre, a veces, de blancura capilar) que convergían hacia el centro, y como estos prolongamientos se multiplicaban, finalmente toda la masa llegaba a ser blanca.

Flamel dice en su libro que la blancura es el símbolo de la vida, y el negro el símbolo de la muerte, y que por lo tanto él representó en sus jeroglíficos del Cementerio de los Inocentes, el cuerpo, el espíritu y el alma o Materia de la Piedra, como hombres y mujeres vestidos de blanco, y que resucitaban de entre las tumbas, para significar la blancura vivificante que viene después de la muerte, el negro, la putrefacción.

Los filósofos han dado varios nombres a la blancura: *nummus, ethelia*, arena, *boritis, corsulfe, cambar, albor oeris, duenech, ronderic, kukul, thabitris, ebisemeth, ixir*.

En fin, en lo que se refiere a las alegorías y los símbolos de la blancura, Pernety los resume perfectamente en su *Diccionario Mito-hermético*: «Los filósofos dicen que una vez que la blancura sobreviene a la materia de la Gran Obra, la vida ha vencido a la muerte, que su rey ha resucitado, que la Tierra y el Agua se han vuelto Aire, que es el régimen de la Luna, que su niño ha nacido, que el cielo y la Tierra se han casado, porque la blancura indica la unión o matrimonio de lo fijo y lo volátil, del Macho y de la Hembra».

En cuanto al color rojo, los alquimistas hablan poco de él; indica el final feliz de la Obra. La materia se seca completamente y se transforma en un polvo de un rojo brillante, se calienta más fuertemente de lo que se lo ha hecho hasta entonces, se quiebra el huevo y se tiene la Piedra Filosofal. «Cuando la Piedra llega al rojo comienza a agrietarse y a dilatarse, se la pone a calcinar al Fuego de reverbero donde acaba de fijarse completamente y perfectamente» (Arnau de Vilanova: *Novum lumen*).

El símbolo de la obra terminada es un triángulo con la punta hacia abajo, cuya base está coronada por una cruz. Se encuentra en la duodécima lámina del Tarot.

Ahora que la Gran Obra nos es conocida en su práctica y en sus símbolos podremos comprender las palabras siguientes que antes nos hubiesen parecido desprovistas de sentido, si no risibles. «Eximiganus dice: mojad, secad, ennegreced, blanquead, pulverizad y enrojeced, y tendréis todo el secreto del Arte en estas pocas palabras. El primero es negro, el segundo es blanco, y el tercero es rojo, 80, 120, 280, dos los hacen y son hechos 120. Goma, leche, mármol. Luna, 280, bronce, hierro, azafrán, sangre, 80. Melocotón, pimienta, nuez. Si me entendéis, seréis felices si no, no busquéis nada más, porque todo está en mis palabras» (*La turba de los filósofos*). Mojad, secad, es la disolución y la cristalización en la preparación de la materia (*véase* Capítulo IV). Ennegreced, blanquead, enrojeced, indicación de los tres colores principales. Pulverizad, es decir, actuad por medio del Fuego, toda operación violenta, todo instrumento capaz de producir herida era el símbolo del Fuego (*véase* Capítulo V). Todo el resto es relativo a los colores. El primero es negro, etc., la primera operación está caracterizada por el negro; la segunda, por el blanco; la tercera, por el rojo. Goma, leche, mármol, Luna, son símbolos del blanco. Bronce, azafrán, hierro, sangre son símbolos del rojo. Melocotón, pimienta, nuez, son símbolos del negro y del gris. Los números 80, 120, 280 representan estos tres colores, y dos los realizan quiere decir que el Azufre y el Mercurio solos bastan para perfeccionar la Obra al pasar sucesivamente por los tres colores. Gracias a Dios no todos los tratados de Alquimia son tan oscuros como la *Turba de los filósofos*, y se llegará muy fácilmente a comprenderlos y a discernir lo verdadero de lo falso con un poco de reflexión. A los que quisieran penetrar más a fondo en el estudio del hermetismo, les recomendamos los tratados de: Alberto El Grande, Roger Bacon, Bernardo El Trevisano, D'Espagnet, Flamel, Huginus a Barma, Khunrath, Ramon Llull, Paracelso, Filaleteo, Ripley, Sendivogius, Basilio Valentín, Arnau de Vilanova y Dionisio Zachaire, y entre los tratados anónimos el *Trato de Alquimia* y *La turba de los filósofos*.

Plancha XV

Figura I (Edición alemana del *Crede Mihi*).

El rey y la reina: Oro y Plata. La serpiente de tres cabezas: la Materia triunfa, una en su esencia, triple en su forma: Azufre, Sal y Mercurio. El cuervo, símbolo del negro; el cisne, del blanco; el pavo real, de los colores del arcoíris, y el rey vestido de púrpura, símbolo del rojo (*véanse* Capítulos II, IV y VII).

Figura II (Pantáculo de la novena clave de Basilio Valentín).

El hombre rojo y la mujer blanca. Fijo y volátil, Azufre y Mercurio. Las tres serpientes: los tres principios. El cuervo, color negro. El cisne, color blanco. El pavo real, color del arcoíris. El fénix, color rojo (*véanse* Capítulos II, IV y VII).

Capítulo VIII

La Piedra Filosofal – Ensayo de la piedra –
Sus propiedades – Transmutación de
los metales – El elixir de larga vida –
Sus efectos sobre el alma

Cuando la Obra llega al rojo, habiendo sido fermentada la materia, se tenía la Piedra Filosofal o elixir rojo o Gran Magisterio. Sabemos, en efecto, que se llamaba elixir blanco, pequeño magisterio, a la materia llevada al blanco, pero este pequeño magisterio no transmutaba los metales sino en Plata. El gran magisterio transmutaba en Oro y poseía por lo demás bastantes otras propiedades. No hablaremos sino de este último. La Piedra Filosofal se presentaba bajo forma de un polvo rojo brillante, bastante pesado. Sin embargo, estos caracteres físicos no eran suficientes para los alquimistas; a fin de asegurar la calidad, la proyectaban sobre una lámina de metal calentada al rojo, la Piedra debía fundir sin despedir humo: «Toma una lámina de bronce limpia, frótala y púlela, coloca encima un poco de tu materia y ponla sobre carbones incandescentes. Si la Materia se funde y se extiende sobre la lámina caliente, tu medicina está perfecta; da entonces gracias a Dios» (Isaac el Holandés: *Opera mineralia*). Grever dice más o menos lo mismo: «Toma un grano de tu materia roja, colócalo sobre una lámina de hierro o de cobre, y calienta fuertemente hasta que la lámina emblanquezca. Si entonces no se eleva ningún humo, y que retirada del Fuego la Materia no ha perdido nada ni en peso ni en volumen, ella es de buena calidad» (*Secretum nobilisimum*). Calid agrega algunos detalles: «Cuando la Piedra está concluida, se pone una fracción sobre un hierro candente o sobre una placa de bronce o de Plata fuertemente calentada, si entonces fluye como la cera, sin sacar humo, adhiriéndose con fuerza al metal, está perfecta» (*Libro de las tres palabras*)

El alquimista dichoso que poseía la Piedra Filosofal tomaba el nombre de adepto, podía desde entonces usar para su provecho las propiedades maravillosas de la Piedra. Dionisio Zachaire en su *Opúsculo de la filosofía natural de los metales* y Filaleteo en *La entrada abierta al palacio cerrado del rey*, le reconocen tres propiedades: 1°Transmutar los metales en Oro y en Plata. 2° Producir piedras preciosas. 3°Conservar la salud.

Los alquimistas griegos sólo reconocían al elixir rojo la propiedad de transmutar los metales, no fue sino más tarde cuando se le asignó una multitud de otras propiedades.

Los alquimistas no se ponen de acuerdo sobre el resultado de las transmutaciones con ayuda de la Piedra. Según unos, no se obtenía más que un pequeño lingote, una parte del metal solamente era transformada en Oro, según otros todo el metal era convertido en una masa de Oro del mismo peso. «De una onza de este polvo de proyección, blanco o rojo, harás Soles en número infinito y transmutarás en Luna todo tipo de metal salido de una mina» (R. Llull: *La clavícula*) y «Proyectarás esta materia sobre mil partes de Mercurio vulgar y será transmutado en Oro fino» (*ídem*). Roger Bacon afirma lo mismo al final de su *Espejo de Alquimia*. Pero la Piedra podía tener una virtud más o menos grande según que había sido fermentada más o menos veces: «De tal manera que después de una operación una parte del elixir cambia cien partes de no importa que cuerpo en Luna, después de dos operaciones: mil, después de tres: diez mil, después de cuatro: cien mil, después de cinco: un millón, despúes de seis operaciones miles de millares y así hasta el infinito» (Alberto el Grande: *El compuesto de los compuestos*). Sin embargo, Alberto el Grande ha sido sobrepasado por un alquimista que ha pretendido que ¡el Oro producido por el Arte hermético estaba dotado de la propiedad de transmutar los metales en Oro!

La Piedra sanaba no solamente los metales viles de su lepra, es decir de su inferioridad, sino que por analogía curaba al hombre de todo tipo de enfermedades e imperfecciones; prolongaba la vida misma, su infusión en alcohol constituía el elixir de larga vida. Artefius pretende por su uso haber alcanzado la edad de mil años. Jean de Lasnioro insinúa incluso que resucita a los muertos: «Te digo, en verdad, si un hombre medio muerto pudiera contemplar la belleza y la Bondad de nuestra Piedra, toda especie de imperfección se apartaría de él; incluso si estuviera en la agonía, resucitaría» (Jean de Lasnioro. *Tractatus aureus de lapide philosophico*).

Algunos filósofos han dado detalles sobre la acción terapéutica de la Piedra Filosofal. Según Arnau de Vilanova: «Ella conserva la salud, aumenta el coraje; de un viejo hace un hombre joven. Expulsa toda acritud, aparta el veneno del corazón, humedece las arterias, fortifica los pulmones, purifica la sangre y cura las heridas. Si la enfermedad data de un mes, la sana en un día, si es de un año, sana en doce días, y si ella data de varios años, en un mes se ha sanado» (*El Rosario*). El autor anónimo de la *Aurora consurgens*, le atribuye propiedades aún más especiales: «Recupera el vino podrido, avinagrado, (...) destruye los pelos envejecidos; hace desaparecer completamente las arrugas y las pecas, proporciona a las mujeres un rostro juvenil, ayuda en el parto; bajo la forma de emplasto expulsa el feto muerto; hace orinar; excita y proporciona fuerzas para el acto de Venus; disipa la embriaguez; recupera la memoria...» (*Aurora consurgens*).

Khunrath admite su influencia no solamente sobre el cuerpo, sino aún sobre el espíritu y el alma. «Si se administra la Piedra a un enfermo, expulsa todas las enfermedades tanto del alma como del cuerpo. Aleja la lepra, la hidropesía, la epilepsia, la apoplejía, la sordera, la ceguera, la locura, el orgullo y la ignorancia (H. Khunrath: *Confessio de chao physo chemicorum*). Lo mismo «Con la ayuda de Dios todopoderoso, esta Piedra os librará y os protegerá enfermedades, por grandes que sean; os preservará de todas las tristezas y aflicciones y de todo lo que pudiera debilitaros en el cuerpo y en el espíritu» (Hermes: *Los siete capítulos*). No solamente sanaba el mal humor, sino que también aumentaba la inteligencia y proporcionaba incluso el poder dominar a la naturaleza y de ver a Dios en su gloria. «También me dijo que, si durante nueve días consecutivos yo usaba nueve gotas o nueve granos de la Piedra, sería dotado de una inteligencia angélica y que me parecería estar en el Paraíso» (*El cofrecito del campesino*). Sperber va más lejos: «Por último purifica e ilumina de tal forma el cuerpo y el alma que quien la posee, ve como en un espejo los movimientos celestes de las constelaciones y las influencias de los astros, incluso sin observar el firmamento, con las ventanas cerradas, en su habitación» (Sperber: *Isagoge de materia lapidis*). En una palabra, el adepto puede contemplar el mundo invisible cerrado a los demás hombres.

Hemos visto que la Piedra Filosofal producía piedras preciosas, que reunía varias pequeñas perlas en una sola, y finalmente una última maravilla: el «*Clangor Buccinae*» nos informa que ¡vuelve el vidrio maleable!

Hemos llegado al final de nuestro volumen; podemos afirmar que la persona que lo haya leído con atención y que haya retenido los principales rasgos, es capaz de comprender no importa cual tratado de alquimia, por alegórico que sea. Adjuntamos un pantáculo de B. Valentín dejando al lector la tarea de encontrar su significado.

Diccionario de los símbolos herméticos

En la segunda parte de esta obra hemos explicado los símbolos herméticos, pero tomando una teoría y relacionándole sus símbolos. Vamos ahora a hacer lo inverso: tomar el símbolo y decir con qué se le puede relacionar. Una cosa completa a la otra; con ayuda del presente resumen se podrá descifrar una figura alquímica, y después precisar más su significación remitiéndose a los diferentes capítulos de esta segunda parte.

Águila: Símbolo de la volatilización y también de los ácidos empleados en la obra. Un águila devorando un león significa la volatilización del fijo por el volátil. Dos águilas combatiendo tienen el mismo significado.

Ángel: A veces símbolo de la sublimación, ascensión de un principio volátil, como en las figuras del *Viatorium spagyricum*.

Animales: Regla general: cuando uno encuentra representados dos animales de la misma especie y de sexo diferente, como león y leona, perro y perra, significan Azufre y Mercurio preparados para la Obra, o también fijo y volátil. El macho representa el fijo, el Azufre; la hembra representa el volátil, el Mercurio. Si estos animales están unidos: conjunción (*Figuras de Lambsprinck*); si ellos se combaten: fijación del volátil, o volatilización del fijo (*figuras de B. Valentín*).

2.º Un animal terrestre al lado de un animal aéreo en una misma figura: fijo y volátil.

3.º Los animales, en fin, pueden simbolizar los cuatro elementos: Tierra (león, toro), Aire (águila), Agua (ballena, peces), Fuego (salamandra, dragón).

Apolo: Mismo significado que el Sol.

Árboles: Un árbol que lleva lunas significa la obra lunar, el pequeño magisterio; si lleva soles, es el símbolo de la Gran Obra, obra solar. Si lleva los signos de los siete metales, o los signos del sol, de la luna y cinco estrellas, representa la Materia Única de la cual nacen todos los metales.

Baño: Símbolo 1.º: la disolución del Oro y de la Plata. Símbolo 2.º: la purificación de esos dos metales.

Caos: Símbolo de la unidad de la Materia y, algunas veces, del color negro y de la putrefacción.

Circunferencia: Unidad de la materia, armonía universal.

Cisne: Símbolo de la blancura.

Corona: Símbolo de la realeza química, de la perfección metálica. En la *Margarita pretiosa*, los seis metales están representados al principio como unos esclavos, con la cabeza desnuda, al pie del rey, del Oro; pero después de sus transmutaciones, llevan una corona sobre la cabeza.

Cuadrado: Símbolo de los cuatro elementos.

Cuervo: Símbolo del color negro y de la putrefacción.

Diana: Mismo significado que la Luna.

Dragón: Un dragón que se muerde la cola, simboliza la unidad de la materia. Un dragón entre llamas, es símbolo del Fuego. Varios dragones combatiéndose indican la putrefacción. Dragón sin alas: el fijo; dragón alado: el volátil.

Esfera: Unidad de la materia.

Espada: Símbolo del Fuego.

Esqueleto: Putrefacción, color negro.

Fénix: Símbolo del color rojo.

Florido: En general, representan los colores de la Gran Obra.

Fuente: Tres fuentes representan los tres principios. Fuente en la que se bañan el rey y la reina: véase *Baño*.

Guadaña: Mismo significado que la espada (Fuego).

Habitación: Símbolo del huevo filosófico, cuando el rey y la reina son encerrados allí

Hermafrodita: Azufre y Mercurio después de la conjunción; después de la cual lleva escrita encima la palabra «Rebis».

Hombre y mujer: El Azufre y el Mercurio. Desnudos: Oro y Plata impuros. Casándose: conjunción; encerrados en un sepulcro: el Azufre y el Mercurio en el huevo filosófico.

Júpiter: Símbolo del estaño.

León: Símbolo del fijo, del Azufre, cuando está solo. Si tiene alas, representa el volátil, el Mercurio. El león también representa el mineral (vitriolo verde) de donde se extrae el aceite de vitriol (el ácido sulfúrico) que tan útil era a los alquimistas. El león opuesto a otros tres animales, representa la Tierra. Es, en fin, el símbolo de la Piedra Filosofal. La leona es el símbolo del volátil.

Lirio: Símbolo del huevo filosófico.

Lluvia: Condensación, color blanco (albificación).

Lobo: Símbolo del Antimonio.

Luna: Principio volátil, femenino, Mercurio filosófico, Plata preparada para la obra.

Marte: Símbolo del hierro y del color anaranjado.

Matrimonio: Símbolo de la conjunción, unión del Azufre y del Mercurio, del rey y de la reina. El sacerdote que lo oficia representa la Sal, medio de unión entre los dos otros principios.

Mercurio: Símbolo de la Plata preparada para la obra.

Montaña: Horno de los filósofos. Remate, cumbre del huevo filosófico.

Neptuno: Símbolo del Agua.

Niño: Revestido de un hábito real o simplemente coronado, es el símbolo de la Piedra Filosofal, algunas veces de color rojo.

Pájaros: Elevándose en el cielo, volatilización, ascensión, sublimación; descendiendo hacia el suelo, precipitación, condensación. Estos dos símbolos reunidos en una misma figura, destilación. Los pájaros opuestos a animales terrestres significan el Aire o el principio volátil.

Perro: Símbolo del Azufre, del Oro. El perro devorado por un lobo significa la purificación del Oro por el Antimonio. Perro y perra: fijo y volátil.

Rey y reina: Véase hombre y mujer.

Rosa: El color rojo. Una rosa blanca opuesta a una rosa roja: el fijo y el volátil, Azufre y Mercurio.

Salamandra: Símbolo del Fuego. Algunas veces significa el color rojo o el blanco.

Saturno: Símbolo del plomo. Representa también el color negro, la putrefacción.

Sepulcro: Huevo filosófico.

Serpiente: En general, el mismo significado que el dragón. Tres serpientes, los tres principios. Las dos serpientes del caduceo significan el Azufre y el Mercurio. Serpiente alada, principio volátil; sin alas, principio fijo. Serpiente crucificada, fijación del volátil.

Sol: Oro ordinario o preparado para la Obra, Azufre filosófico.

Triángulo: Símbolo de los tres principios.

Venus: Símbolo del cobre.

Vulcano: Símbolo del Fuego; vulgarmente representado bajo la forma de un hombre cojo.

Tabla de los tratados citados en esta obra

Abraham: *Preceptos e Instrucciones del Padre Abraham a su Hijo Conteniendo la Verdadera Sabiduría Hermética.*

Abraham El Judío: *Figuras.*

Alain de Lille: *Dicta Alani de lapide philosophico* (Aforismos sobre la Piedra Filosofal).

Alberto El Grande: *De Alchimica* (Tratado de Alquimia).

—: *Concordantia philosophorum de lapide philosophico* (Concordancia de los filósofos).

—: *El compuesto de los compuestos.*

—: *Liber octo capitulorum de lapide philosophorum* (Libro de los ocho capítulos).

Anónimos: *El anónimo cristiano.*

—: *Aurora consurgens* (La aurora en su despertar)

—: *El cofrecito del Campesino* o *el arca abierta.*

—: *Clangor buccinae* (El estruendo de la trompeta).

—: *Scala philosophorum* (La escalera de los filósofos)

—: *Epístola de Alejandro.*

—: *Epístola de Isis sobre el Arte Sagrado.*

—: *El hilo de Ariadna para entrar con seguridad en el laberinto de la filosofía hermética.*

—: *Gloria mundi* (Gloria del universo).

—: *El gran Olimpo o filosofía poética.*

—: *Janitor Pansophus.*

—: *Carta Filosófica.*

—: *Altus Mutus Liber* (El libro mudo).

—: *Psautier d'Hermophile.*

—: *El sueño verde.*

—: *El texto de Alquimia.*

—: *La turba de los filósofos.*

—: *Tratado filosófico del blanco y del rojo.*

—: *El triunfo hermético.*

—: *La Gran Obra develada en favor de los hijos de la luz.*

Artefius: *Clavis majoris sapientiae* (Clave de las altas ciencias).

—: *Tratado secreto de la Piedra Filosofal.*

D'Atremont: *La tumba de la pobreza.*

Augurelle: *La crisopea.*

Avicena: *Declaratio lapidis physici* (Revelación de la Piedra).

Roger Bacon: *Breve breviarium de dono Dei* (Breve tratado del don de Dios).

—: *Espejo de Alquimia.*

Barchusen: *Elementa chemiae* (Elementos de Química).

—: *Liber singularis de Alchimiae* (Curioso tratado de Alquimia).

Barlet: *La Theotecnia Ergocósmica.*

Beccher: *Physica subterranae* (Física subterránea).

Bernardo El Trevisano: *De la naturaleza del huevo.*

—: *El Libro de la filosofía natural de los metales.*

—: La palabra abandonada.

Berthelot: *Introducción al estudio de la Química de los antiguos.*

—: *Los Orígenes de la Alquimia.*

Berthelot & Ruelle: *Colección de los alquimistas griegos.*

Calid: *El libro de las tres palabras.*

—: *Secreto de Alquimia.*

G. Claves: *Apologia Chrysopoeioe et Argyropoeioe* (Apología del arte de hacer Oro y Plata).

Cleopatra: *La crisopea.*

Colecciones: *De Alchimia opuscula complura* (Selección de diversos opúsculos alquímicos).

—: *Auriferoe artis quam chemiam vocant* (Selección de tratados de la ciencia denominada Química).

—: *Biblioteca de los filósofos alquímicos.*

—: *Cinco tratados de Alquimia.*

—: *Musaeum hermeticum* (El museo hermético).

—: *Theatrum chimicum* (El teatro químico).

—: *Bibliotheca chemica Mangeti* (Biblioteca química de Manget).

Colleson: *Idea perfecta de la filosofía hermética.*

J. Dee: *La mónada jeroglífica.*

Demócrito: *Físicos y místicos.*

Eck de Sultzback: *Clavis philosophorum* (Clave filosófica).

D'Espagnet: *Arcanos de la filosofía de Hermes.*

—: *Enchiridion physicae restituae* (Enchiridion de la física restituida).

Figuier: *La Alquimia y los alquimistas.*

Filaleteo: *La entrada abierta al palacio cerrado del rey.*

—: *La fuente de la filosofía química.*

N. Flamel: *Explicación de las figuras del Cementerio de los Inocentes.*

—: *El libro de Flamel.*

—: El sumario.

Geber: *La Suma de Perfección.*

—: *El libro de los hornos.*

Grever: *Secretum nobilissimum* (El secreto muy elevado).

Glauber: *La obra mineral.*

—: *La Medicina Universal.*

Happelius: *Aphorismi basiliani* (Aforismos basilienses).

Helias: *El espejo de Alquimia.*

Helvetius: *Vitulus aureus* (El Becerro de Oro).

Hermes: *La tabla de esmeralda.*

—: *Los siete capítulos.*

Hoeffer: *Historia de la Química.*

Th. de Hoghelande: *De difficultatibus Alchimiae* (Dificultades de la Alquimia).

Huginus a Barma: *La piedra de toque.*

—: *El reino de Saturno trocado en Siglo de Oro.*

Isaac El Holandés: *Opéra mineralia* (Obras minerales).

Jamsthaler: *Viatorium spagyricum* (El bagaje espagírico).

Jean de Meung: *Lamento de natura al alquimista errante.*

Jehan de la Fontaine: *La fuente de los enamorados de la ciencia.*

Johnson: *Lexicon chimicum* (Diccionario de Química).

Kircher: *Mundus subterraneus* (El mundo subterráneo).

Khunrath: *Amphitheatrum sapientiae aeternae* (Anfiteatro de la sabiduría eterna).

—: *Confessio de chao physîco chimicorum* (Confesión del caos de los físico-químicos).

Lacinius: *Pretiosa margarita* (La perla preciosa).

Lagneau: *La armonía química.*

Lambsprinck: *Libellus de lapide philosophico* (Pequeño tratado de la Piedra Filosofal).

J. de Lasnioro: *Tractatus aureus de lapide philosophorum* (Tratado de Oro de la Piedra de los filósofos).

Lavinius Wenceslao: *Tratado del cielo terrestre.*

Lebreton: *Claves de la filosofía espagírica.*

Libavius: *De lapide philosophorum* (Tratado de la Piedra Filosofal).

—: *Paraphrasis Arnaldi* (Comentarios sobre Arn. de Vilanova).

Libois: *Enciclopedia de los dioses y de los héroes.*

R. Llull: *La Clavícula.*

—: *Compendium animae transmutationis* (Compendio del espíritu de la transmutación).

—: *Aclaración del Testamento.*

—: *Vade mecum seude tincturis compendium* (Vademécum o Compendio de las Tinturas).

Macquer: *Diccionario de Química.*

Marco Antonio Crassellame: *La luz saliendo por sí misma de las tinieblas.*

Maria la Judía: *Diálogo de María y de Aros.*

De la Martinière: *El químico desconocido.*

Morieno: *De transmutatione metallorum* (Tratado de la transmutación de los metales).

Norton: *Crede Mihi* (Créeme).

Panteo: *Ars et theoria transmutationis metallicae* (Teoría y práctica de la transmutación metálica).

—: *Voarchadumia.*

Paracelso: *El cielo de los filósofos.*

—: *De natura rerum* (Tratado de la historia natural o de la naturaleza de las cosas).

—: *Tinctura physicorum* (Tintura de los físicos).

—: *El tesoro de los tesoros.*

Pernety: *Diccionario Mito-Hermético.*

—: *Fábulas griegas y egipcias develadas.*

Planiscampi: *El ramo químico.*

Porta: *Magia naturalis* (Magia natural).

—: *Physiognomia humana* (Fisiognomia del hombre).

De Respour: *Curiosas experiencias sobre el espíritu mineral.*

Rhases: *El libro de las luces.*

Ripley: *Médula de Alquimia.*

—: *Tratado de las doce puertas.*

—: *Tratado del Mercurio.*

Ph. Rouillac: *Compendio de la Gran Obra.*

Sendivogius: *El Cosmopolita o la nueva luz química.*

—: *Cartas*

Sperber: *Isagoge de materia lapidis* (Resumen sobre la Materia de la Piedra).

Sinesio: *Comentarios sobre el Libro de Demócrito.*

Santo Tomás de Aquino: *Secretos de Alquimia.*

Tritemo: *Poligrafía.*

Basilio Valentín: *El Mercurio de los Filósofos.*

—: *Carro triunfal del Antimonio.*

—: *Coloquio del espíritu de Mercurio con el hermano Alberto.*

—: *Las doce claves de la Filosofía.*

—: De *naturalibus et supernaturalibus* (Tratado de las cosas naturales y sobrenaturales).

N. Valois: *Obras.*

Blaise de Vigenère: *Tratado del Fuego y de la Sal.*

Arnau de Vilanova: *El camino del camino.*

—: *Flos florum* (La flor de las flores).

—: *Carta al rey de Nápoles.*

—: *Novum lumen* (Nueva luz).

—: *Rosarium* (El rosario).

—: *Quaestiones tam essentiales quam accidentales ad Bonifacium octavum* (Preguntas sobre la esencia y el accidente, dirigidas al papa Bonifacio).

Vogel: *De lapidis physici conditionibus* (De las propiedades de la Piedra Filosofal).

O. Zacarías: *Opúsculo de la filosofía natural de los metales.*

Bibliografía alquímica del siglo XIX

Hemos hecho entrar en este breve informe no únicamente los tratados puramente herméticos, sino también las obras históricas, las biografías y las producciones literarias que han aparecido desde el año 1800 sobre este tema, tanto en Francia como en Alemania e Inglaterra.

ANÓNIMO: *Leyendas populares: Nicolás Flamel*. París, folleto in 4°.

BALZAC: *La búsqueda de lo absoluto*. París, 1 Vol. in-18.

BARRETT: *Libros de filósofos alquimísticos con un catálogo de libros en Química Oculta*, Londres, 1815, 1 Vol. in-8.

BAUER: *Chimie und Alchymie in Oesterreich bis zum beginnenden XIX Jahrhundert*. Vienne, 1883.

BERTHELOT: *Los orígenes de la Alquimia*, 1 Vol. in-8. París, 1885.

—: *Introducción al estudio de la química de los antiguos y de la Edad Media.*París,1880, 1 Vol. in-4. Numerosas figuras de aparatos, reproducción de textos por la fototipia.

BERTHELOT y RUELLE: *Colección de los antiguos alquimistas griegos.* Texto y traducción. París. (1887 à 1888,) Vol. in-4°. En estas diferentes obras, M. Berthelot ha hecho conocer un período de la historia de la química apenas indicada antes y muy oscura.

BERTHET, E. : *El último alquimista*.

CAMBRIEL: *Curso de filosofía hermética o de Alquimia en 19 lecciones.* París,1843, in-8°, Planche. Obra curiosa y muy rara.

CHARLES, E.: *Roger Bacon. Su vida, sus obras, sus doctrinas.* París, 1861, in-8. Redactado sobre todo desde el punto de vista filosófico.

CRUVEILHIER: «Paracelso, su vida y su doctrina», *Gazette médicale*, 7 mai 1842.

CYLIANI: *Hermes Develado.* París 1832. Folleto raro. El autor pretende haber operado la transmutación de los metales por los procedimientos alquímicos ordinarios.

DELECLUZE: «Ramon Llull», *Revista de dos mundos*, 15 noviembre 1840. Artículo excelente en muchos aspectos, salvo uno, el autor asegura que Lulio, Bacon, etc., no eran alquimistas, sino ¡químicos!

DEVEZE, MARCOS: «Alain de Lille», número 10 de *L'Initiation*. Julio 1889.

DUMAS, A.: *El alquimista*, drama.

ESCODECA DE BOISSE: *Los alquimistas del siglo XIX. Epístola a Nicolás Flamel. Folleto.* París, 1860.

FIGUIER, L.: *La Alquimia y los alquimistas.* París, 1854, 1855, 1860, l Vol. in-12 Exacto para todo lo que es hecho histórico, pero el autor ignora completamente las teorías herméticas, y cuando cita, es para burlarse de lo que no entiende;

—: *Vidas de sabios ilustres.* París, 1870 à 1875, 3 Vol. in-8. Grabados y retratos. No citamos sino tres volúmenes: Edad Media, Renacimiento, Siglo XVII, a causa de las biografías interesantes de: Geber, Avicena, Alberto el Grande, Roger Bacon, Raimundo, Van Helmont, etc., relativas al tema que nos ocupa.

FLAMEL, HORTENSIUS: *Síntesis del maguismo, de las ciencias ocultas y de la filosofía hermética*, París, 1842, in-i8.

FONTAINE, J. DE LA: *La fuente de los enamorados de la ciencia*, poema hermético del siglo XV. París 1861. Bastante raro.

FRANCK: *Paracelso y Alquimia en el siglo XVI.* Impreso en el encabezado de *El Oro y la Transmutación* de Tiffereau.

HALM, E.: *Der Adept, trauespiel.*

VON HARLEPS: *Jacob Bohme und die Bichyaiisteft.* Berlín, 1870.

HOEFFER: *Historia de la Química desde los tiempos más antiguos hasta nuestra época.* París, 1842, 2 Vol. in-8. El primer volumen y una parte del Segundo tratan de la Alquimia.

HOFFMANN: *Berliner Alchimisten und Chemiker.* Berlin, 1882.

JACOB (bibliófilo): *Curiosidades de las ciencias ocultas* - París, 1885, 1 Vol. in-12. Casi la mitad del volumen trata de la Alquimia.

JACQUEMAR: *La Piedra Filosofal y el flogístico.* París 1876. Folleto in-8°.

KOPP: *Die alchemie in altérer und neuerer Zeit.* Heidelberg, 1886, 2 Vol. in-8°. Trabajo concienzudo, lleno de documentos interesantes.

LEWIHSTEIN: *Die alchemie uad die.alcheoeisteir.* Berlín, 1870. Brochure in-12.

LIETCHY, RHEINHART DE: *Alberto El Grande y Santo Tomas de Aquino,* l Vol. in-12.

LUCAS, LOUIS: *La química nueva.* París, 1 vol. in-12. Raro.

—: *La novela alquímica.* París, 1857, I Vol. in-12. Raro.

MANDOS: *Van Helmont, biografía, historia crítica de sus obras.* Bruselas, 1868, in-4°.

MANDON: *Ensayo sobre la vida y las obras de Van-Helmont.* Bruselas, 1857, in-18.

MEMARD, L.: *Hermes Trimegisto.* París, in-8.

MICHEA: «Sludia auctoris. Traducción de la Autobiografía de Van-Helmont», *Gazette médicale,* 1843.91

VON MURR: *Literarischen Nachrichten zu der Geschichte des Gotdmachens.* Braunschweig, 1844.

NENTER: *Bericht von der alchymie.* Nuremberg 1827. Brochure in-8

PAPUS: *La Piedra Filosofal, pruebas irrefutables de su existencia.* París, 1889. Folleto in-8. Plancha. El autor estableció lógicamente la existencia de la Piedra por el análisis de transmutaciones históricas.

Poisson, A.: Cinco tratados de Alquimia de los más grandes Filósofos. París,1890 in-8. Figuras - Tratados de Arnau de Vilanova, R. Llull, Alberto El Grande, Roger Bacon, Paracelso, traducidos del latín.

Pouchet: *Alberto El Grande y su época.* París 1843, in-8.

Ragon: *Ortodoxia masónica, seguida de La iniciación hermética.*

Rommlaere: *Memoria sobre Van Helmont,* presentada a la Academia de Medicina de Bélgica. Bruselas, 1867. –

Schmieder: *Geschichte der Alchemie.* Halle, 1832.

De Saint-German: *Conservación del hombre impulsada en la ciencia hermética.* Folleto.

Sighart: *Alberto El Grande, su vida y su ciencia.* París, 1862, in-12. Retrato.

Solitaire: D*iana diaphana oder die Gesclichte der Alchimisten imbecil Kaztlein,* Nordhausen, 1863.T

Homson: *Historia de la Química.* Londres, 1830.

Tiffereau: *Los metales son cuerpos compuestos,* 1855, in-12.

—: El Oro y la transmutación de los metales, París, 1889, in-8.

—: *Carta a los senadores y a los diputados sobre la producción artificial del Oro.* París, 1888.Folleto, in-12. *Obras muy curiosas de «El alquimista del siglo XIX».*

De Viriville: *Reseña sobre algunas obras atribuidas a Nicolás Flamel.*

Índice